# 华为方法论

—以奋斗者为本—

周锡冰 著

中国出版集团 现代出版社

**图书在版编目（CIP）数据**

华为方法论 / 周锡冰著 . —北京：现代出版社，2018.8
ISBN 978-7-5143-7161-1

Ⅰ. ①华…　Ⅱ. ①周…　Ⅲ. ①通信企业—企业管理—研究—深圳
Ⅳ. ① F632.765.3

中国版本图书馆 CIP 数据核字（2018）第 124174 号

**华为方法论**

---

**作　　者**　周锡冰
**责任编辑**　张　霆　姚冬霞
**出版发行**　现代出版社
**通信地址**　北京市安定门外安华里 504 号
**邮政编码**　100011
**电　　话**　010-64267325　64245264（兼传真）
**网　　址**　www.1980xd.com
**电子邮箱**　xiandai@vip.sina.com
**印　　刷**　三河市宏盛印务有限公司
**开　　本**　710mm × 1000mm　1/16
**印　　张**　18
**字　　数**　230 千
**版　　次**　2018 年 8 月第 1 版　2019 年 9 月第 3 次印刷
**书　　号**　ISBN 978-7-5143-7161-1
**定　　价**　48.00 元

---

# 目 录

CONTENTS

## 10 第10章 “喜马拉雅山的水流入亚马孙河”：推动队伍循环流动，进一步使基层作战队伍的各种优秀人员在循环过程中能够流水不腐



## 11 第11章 “班长的战争”：让最清楚市场形势的人指挥，提高反应速度，抓住机会，取得成果



## 12 第12章 “工者有其股”：让每一个劳动者都有田可耕、有力可使，各归其位、各尽其才

# 第 1 章 “给火车头加满油”：让奋斗者分享胜利的果实，让惰怠者感受到被淘汰的压力

要按价值贡献，拉开人才之间的差距，给火车头加满油，让列车跑得更快些及做功更多。践行价值观一定要有一群带头人。人才管理不是按管辖面来评价待遇体系，一定要按贡献和责任结果，以及他们在此基础上的奋斗精神进行。

——华为创始人　任正非

# “30 多岁，年轻力壮，不努力，光想躺在床上数钱，可能吗？”

但凡研究中国企业的人才管理，华为的人力资源管理就不得不提。在华为，华为创始人任正非可谓是一个名副其实的统帅，不仅指挥近 20 万人的员工队伍征战全球，同时还解决了华为人由于官僚体系带来的惰怠。

任正非在华为内部讲话中说道：“要按价值贡献，拉开人才之间的差距，给火车头加满油，让列车跑得更快些及做功更多。践行价值观一定要有一群带头人。人才管理不是按管辖面来评价待遇体系，一定要按贡献和责任结果，以及他们在此基础上的奋斗精神进行。目前人力资源大方向政策已确定，下一步要允许对不同场景、不同环境、不同地区有不同的人力资源政策，适当差异化。”

任正非解释说：“我把‘热力学第二定理’从自然科学引入社会科学中来，意思就是要拉开差距，由数千中坚力量带动 15 万人的队伍滚滚向前。我们要不断激活我们的队伍，防止‘熵死’。我们绝不允许出现组织‘黑洞’，这个黑洞就是惰怠，不能让它吞噬了我们的光和热，吞噬了活力。”

任正非说“给火车头加满油”，仅仅是一个比喻，即在华为人力资源管理中，必须按价值贡献拉开人才之间的差距，推动列车做功更多、跑得更快。

基于此，华为就不能按照管辖面来作为评价人才待遇体系，而应该按照人才的贡献和责任结果，以及他们在此基础上的奋斗精神进行评价。

这样的做法充分体现了华为践行的价值评价和价值分配导向。在华为，一直向优秀的奋斗者倾斜，给“火车头”加满油，让“千里马”真正跑起来，真正让奋斗者能够分享更多的胜利果实，但是，这意味着让惰怠者感受到前所未有的被淘汰的巨大竞争压力。

任正非在内部讲话中说道：“有成效的奋斗者是公司事业的中坚，是我们前进路上的火车头、千里马。我们要让火车头、千里马跑起来，促进对后面队伍的影响；我们要使公司15万优秀员工组成的队伍生机勃勃，英姿勃发，你追我赶。”

任正非的讲话发表不久，他的指导思想传播开来，一些有关华为裁员的传闻也由此疯传整个网络，甚至成为坊间一个热议的话题。

据了解，引爆这个热点的导火线，就是华为内部论坛——“心声社区”的帖子。一位匿名发帖人声称，听见主管表示“华为中国区开始集中清理34+（34岁以上）的交付工程维护人员，研发开始集中清退40+（40岁以上）的老员工”。

很多网络媒体，尤其是自媒体，直接引用“心声社区”的帖子。随即，华为官方不得不回应愈演愈烈的传闻，称网上所传华为正在清理34岁以上员工的消息纯属谣言。

2017年2月24日，“心声论坛”发布了任正非的一篇讲话，其内容似乎是对此事做出的一个正面回应。

任正非在该讲话中说道：“华为是没有钱的，大家不奋斗就垮了，不可能为不奋斗者支付什么。30多岁，年轻力壮，不努力，光想躺在床上数钱，可能吗？”

在任正非看来，奋斗才是华为的主旋律。正是此次回应，消解了许多人心中的疑惧，尤其是华为内部员工。此前，“心声论坛”上仍然留存了诸如《年龄大了绩效是不是会被特意打差？》《我公司 34 岁以上员工出路在哪里》等帖子。

笔者查阅一些新闻报道后发现，其导火线不过是“华为对员工管理的办法，年终绩效考核评估，剔除那些不称职的员工，等等”。

华为的做法其实是沿用了美国“财富五百强”企业过去几十年普遍使用的“活力曲线”管理法。

所谓“活力曲线”管理法，指通过竞争淘汰的管理手段发挥员工的极限能力。

由于是通用电气前 CEO 杰克·韦尔奇率先提出，并对其较为推崇，又称“杰克·韦尔奇曲线”。因此，“活力曲线”管理法被认为是通用电气激发员工无限活力的管理手段。见图 1-1。

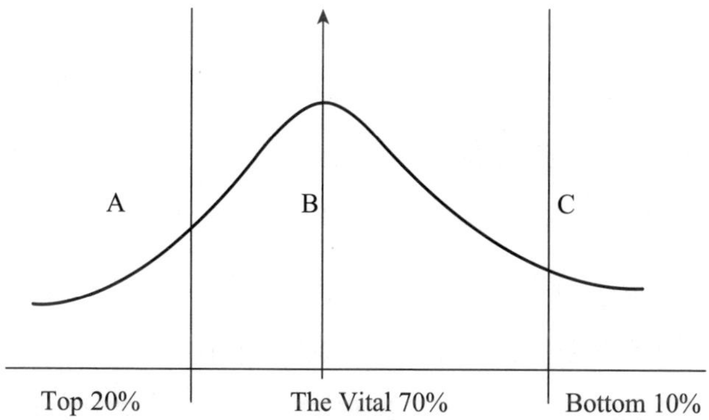


**图 1-1 “活力曲线”管理法**

通过这张正态分布图，我们就很容易看出，在组织员工中，包括排在前面的 20% 的 A 类员工、中间 70% 的 B 类员工和业绩排在后面的 10% 的 C 类员工。

从这个角度来看，C 类员工已经成为企业管理中一个非常值得关注的方面。要想提升企业岗位的整体效率，就必须先提升 C 类员工的岗位效率，因为 C 类员工已经成为企业岗位活不起来的一个非常明显的短板。

## 年龄并非华为淘汰员工的标准

此次事件尽管平息了，却引发了热议。由于不了解真相，很多非华为人认为，仅仅是以年龄划线裁员，无疑会让华为员工产生强烈的不满情绪，令人想起韩信当年的感叹："'狡兔死，良狗烹；高鸟尽，良弓藏；敌国破，谋臣亡。'天下已定，我固当烹！"

基于此，很多媒体纷纷跟进采访报道。追根溯源后才发现，华为的这一做法原来不过是一次正常的人才流动。作为华为中国区员工的李铭，在接受《中国新闻周刊》采访时客观地评价道："34 岁'一刀切'纯粹是一个误读。"

李铭坦言，华为每年的人才流失率保持在 10%~20%。这其中包括，有的员工是自己主动辞职的，也有的员工是被清退的。

不管是主动辞职还是被清退，年龄只是其中的一个原因，关键还是跟过往的绩效以及上升潜力有关。但凡业绩表现较好，即使年纪再大，华为依然会留用的。

对于外界传言的集中清理 34+（34 岁以上）的员工，李铭坦言："不可能全部都清理掉。"李铭介绍称，即使在新入职员工的培训过程中，照样会涉及华为残酷的淘汰制度。

一般来说，结合各个岗位，往往会设定绩效考评体系对员工进行考核，以此淘汰考核结果不合格的员工。

在华为公司，其考评分为 A、B+、B、C、D 五个等级，每半年考核一次。

针对 5% 的淘汰，李铭介绍说："一些不干活的员工肯定不能让他赖在这里。"李铭解释称，当考核结果为"D"时，华为会直接与其终止合同；当考核结果连续两个半年为"C"时，该员工基本会被劝退，不被劝退的员工自己往往也会离职；当考核结果为"B"时，这部分员工被称为华为的"扎实贡献者"，即普通员工；当考核结果为"B+"时，此类员工较为优秀；当考核结果为"A"时，此类员工特别优秀。

尽管"A"和"B"两类员工都作为优秀员工，但是在年终奖和加薪方面，两者差距相当大。当考核结果为"A"时，其年终可以加薪 30%~50%；当考核结果为"B+"时，其年终可以加薪 20%；当考核结果为"B"时，基本不加薪。

需要注意的是，绩效考核是由华为员工的直属管理者直接评定。作为管理者，他们自己也有绩效考核，其绩效考核与团队整体绩效挂钩。

每到年初，华为员工和直接上级间都会商定好工作责任书，即半年内必须达到哪些目标。半年后，能够完成目标的员工，其绩效考核是"B"；在该目标以外，有其他贡献者，其绩效考核可以是"B+"；目标以外的贡献特别突出，其绩效考核可以是"A"。

华为由于干部职位有限，加上自身的企业属性，硬性执行华为干部层面不合格淘汰制度，因此其竞争相当残酷。

任正非曾经在内部讲话中说道："我们的干部不是终身制，高级干部也要能上能下。在任期届满，干部要通过自己的述职报告，以及下一阶段的任职申请，接受组织与群众评议以及重新讨论薪酬。"

在具体的执行过程中，出于人性化角度考虑，在大多数时候，华为并没有对普通员工执行得那样严格，一般会保留此部分员工，或者采取一些较为变通的手段。

例如，华为一般会与希望主动离职的员工商议，让他们来承担淘汰指标。如此一来，这些主动离职的员工通常可以拿到《中华人民共和国劳动法》所规定的只有被公司辞退才能拿到的 N+1 的补偿。

按照《中华人民共和国劳动法》规定，主动离职的员工是不能拿到这笔赔偿的。因此，在过去的发展过程中，华为普通员工的淘汰比例很多就被主动离职员工承担了下来。

从这个角度上来讲，华为真正被淘汰掉的员工其实并不算多。在李铭看来，华为此次媒体披露的情况与过往的淘汰并没有多大的区别，只不过因为员工出现了富余，对普通员工的淘汰制度执行得更加严格，所以才导致裁员人数比以往多一些。

另一位华为海外员工张楚在接受《中国新闻周刊》采访时介绍，在华为，其内部还有一个职级制度。

一般来说，本科和硕士毕业生进入华为时，其职级是十三级，博士则是十五级。通常两年升一级，派到海外的华为员工，其升级速度略快一些，工作 8~10 年、绩效中等的员工基本都是华为公司的核心人员。此类员工升到十七级、十八级问题都不大，一旦达到二十一级、二十二级，则达到了华为总裁、副总裁的级别。

据张楚介绍，影响职级制度的因素还有两个：一个是华为的绩效考核；另一个就是技术考试。当员工通过了华为的考试，就可以往上调级。

张楚在接受《中国新闻周刊》的采访时说道："毕业时进入华为，现在 34 岁，差不多 10 年了，至少应该干到十八级、十九级。如果 34 岁时还在十四级、十五级徘徊，说明没什么太大的进取心，这种人也很有可能被淘汰。"

## 把海外的年轻人派回来锻炼，提升他们的技能，让他们变成精兵

据华为官方数据显示，华为 2016 年销售收入达到 5200 亿元，同比增长 32%。但其 2016 年上半年的营业利润率为 12%，低于 2015 年同期的 18%。

与此同时，华为消费者业务 2016 年的利润仅仅为 20 亿美元。这样的利润水平无疑是引发变革的导火线，不仅没达到 25 亿美元的利润目标，甚至还比 2015 年低。相比 2015 年的 22 亿美元利润，2016 年的 20 亿美元利润也存在一定程度的缩水。

为此，华为开始将保持利润增长作为 2017 年工作的主要导向，清理业务萎缩部门的员工无疑也在情理之中。

李铭在接受媒体采访时称，仅仅是华为中国区的交付工程维护人员，就被清理了几百人。该部门就是互联网上疯传的华为“34+ 员工”被清理的重灾区。

这与设备维护工作的自身特点相关。李铭在接受《中国新闻周刊》采访时说道：“电信设备的维护要求一直都非常高，北京市朝阳区网络断上一个小时，消费者能把投诉电话打爆。设备发现问题，必须立即响应。原来都是将维护人员直接派驻现场，有问题就工作，没有工作人也离不开，必须盯在

那儿。但随着技术发展，现在很多问题可以将人力撤回，远程监测、定位、解决。公司在这一块的人力成本也就可以压缩了。”

不仅如此，由于国际市场劳动力缺乏，华为就必须合理地调配自身的人力资源，这将是一个不得不迈过的坎儿。李铭解释说：“华为很多人力资源措施需要在其业务的大背景下才能理解，如果仅仅把它和其他公司一样来考虑，就太过简单了。”

纵观中国企业的国际化，华为与国内其他企业相比，其国际化一直走在前列，在海外 170 多个国家都有其办公室。在欧美国家，由于劳动力水平较高，加之华为推行本地化策略，往往对中国本土人力的需求程度不高，甚至可以达到 10 个中国人管理上百个外国人的程度。

在非洲、东南亚等地，由于当地国民受教育水平不高，人力市场无法为华为提供发展壮大的足够的劳动力。在这样的困难面前，华为只能从中国本土调派相关人员，中方人员占比非常大。

在李铭的周围，有的同事就不愿意出国，尤其是“故土难离”情结较为严重。为此，华为的解决办法是：派那些想赚钱的年轻员工出国，到其需要成家的年纪时再将其调回来。

为鼓励华为员工走出去，华为不仅在有关国家城市的富人区租下员工宿舍，还会支付给远赴“前线”的员工高额的“艰苦补助”。

随着市场机会拓展进入尾声，华为这样的模式也开始慢慢转变。李铭在接受《中国新闻周刊》采访时说道：“以往盈利较多的情况下，这种模式没有问题，但现在整个行业已经成熟，海外市场总的机会在慢慢减少，海外已经不需要大量年轻人，而是需要少量有经验、有技术的员工。华为希望调整人力，将屯兵模式变为精兵模式，把有经验的人派到国外，把业务带起来，把海外的年轻人派回来锻炼，提升他们的技能，变成精兵，都是可以理解的，而且国内一些岗位也确实有所饱和。”

在当前，由于“精兵”此刻往往都在国内有家有业，无疑不再愿意去海外“艰苦奋斗”，华为不得不劝说一些员工，当经过沟通无效后，有些员工实在没办法继续留在华为工作，那么只能协议离职。

在华为，作为近观者的张楚总结出一般被离职员工大致经历相同的几个阶段：先看员工的绩效是否合格，再看员工是否愿意常驻海外，当两者都协商不成时，那么员工只能离职。当然，在实际操作中，即使通过外派、转岗这种形式让员工离开，华为依然会按照国家法律规定给足员工赔偿，“毕竟公司不缺这点钱”。

# 华为一直在努力改进“多劳多得”的激励办法

如今的华为，资金实力相当雄厚，支付给员工的工资自然不会吝啬。方圆圆作为一名华为中国区员工，在接受《中国新闻周刊》采访时说：“你在网上看到的华为工资水平基本都是真的。”

根据华为2015年年报显示，2015年，华为仅支付给员工的成本就达到1377亿元。按照当时官方公开的17万员工计算，其人均年收入就超过80万元，即月薪7万元。

在高薪面前，其竞争也就相对激烈，当华为让奋斗者分享胜利的果实时，同时也让惰怠者感受到被淘汰的压力。方圆圆对此毫不讳言：“尽管华为给员工如此高薪，但是华为不会因为员工奋斗多年就跟你讲人情。业务需要，你就留着；业务不需要，你就走。”

方圆圆补充说：“人性是复杂的，人性既喜欢公平、舒适，又喜欢多劳多得。这两者没有好坏之分，采取哪种方式，关键得看企业自己的目标。”

为了激活华为人的工作激情，尤其近几年以来，华为一直都在努力改进自己的“多劳多得”的激励办法。作为华为轮值CEO的徐直军，在2017新年献词中就告诫华为人：“华为要继续坚持以有效增长、利润、现金流、提高人均效益为起点的考核。”

在徐直军看来，华为要发展和壮大，就必须继续坚持以有效增长、利润、现金流为基础。为此，华为不再像以往那样给员工发放虚拟股，而是逐渐改发 TUP（奖励期权计划）。

与虚拟股不同的是，TUP 是不需要员工花钱购买的，但是只有 5 年的有效期，每股分配的收益相等。因此，TUP 被视为现金奖励的一种递延分配，属于中长期的一种激励模式，相当于预先授予一个获取收益的权利，但收益需要在未来 N 年中逐步兑现（跟业绩挂钩）①。

让读者好奇的是，华为为什么不发放虚拟股，而逐渐改发 TUP。发放虚拟股，往往会导致华为的部分老员工躺在股票收益上混日子。现实的情况是，这样的现象越来越严重，这让任正非提出的“以奋斗者为本”受到阻力，因为在这样的事态下，奋斗者往往得不到很好的回报。

在华为员工每年的收益中，主要涵盖工资、奖金、TUP 分配和虚拟股分红。其中，虚拟股分红池 = 营业利润 - 工资 - 奖金 -TUP。

在华为 TUP 的实施范围和力度逐渐增加的情况下，自然也就稀释了虚拟股的作用，TUP 收益必然会使虚拟受限股比重逐年下降，从而纠正由于股权激励制度实施时间太长，历史性贡献太过强化的不合理性。②

徐直军在新年献词中说道：“要保持公司有利润的增长，有现金的利润；消费者业务要坚持以利润为中心；要优化人员结构，对外积极引进优秀人才，对内开展不合格调整。”

徐直军的发言间接印证了华为裁员的态度和准则。在接受《中国新闻周刊》采访时，李铭为此说道：“即使在华为工作，也是应该有一定危机感的。我觉得最没有危机感的应该是研发部门，他们掌握最先进的技术，自己做的产品，肯定知道哪里出了问题，好往运维岗转。销售也比较容易到管理岗或者其他公司。但运维岗确实是需要有一定危机感的。一直以来，由于主动离

---

①② 姚玮洁 . 华为“34+ 裁员”真相［J］. 中国新闻周刊，2017（3）.

职的员工始终存在，淘汰的压力没有真正传递到他们身上。如果我是运维人员，肯定会在空闲时做一些技能提升，防止被淘汰。”

在李铭看来，危机感可以让一部分员工提升自己的能力，避免自己被淘汰。

李铭在接受《中国新闻周刊》采访时说道：“我觉得 34 岁从华为离职也没那么可怕。华为薪水那么高，工作 10 来年积累几百万不会有问题，不会像国企一样下岗没着落，主要还是再择业的问题。但是在华为的管理体制下，大部分人即使技术上有所欠缺，综合素养上还是能被认可的，只是拿不到在华为时那么多钱了。”

# 第 2 章　“天道酬勤”：产品过剩时代，华为人除了艰苦奋斗还是艰苦奋斗

艰苦奋斗是华为文化的魂，是华为文化的主旋律，我们任何时候都不能因为外界的误解或质疑动摇我们的奋斗文化，我们任何时候都不能因为华为的发展壮大而丢掉了我们的根本——艰苦奋斗。

——华为创始人　任正非

## 从来就没有什么救世主，也不靠神仙皇帝，要创造我们的幸福，全靠我们自己

在华为的国际化中，并没有任何国际化经验可以借鉴，只能凭借自己的艰苦奋斗，在拓展国际市场中摸爬滚打，在残酷的竞争中学习，终于苦尽甘来。

根据华为发布的 2015 年年报，全球销售收入 3950 亿元，海外收入占比 58%。在区域收入占比方面，华为中国区营收 1677 亿元，占比 42%，在所有区域中占比最高；欧洲、中东、非洲营收 1280 亿元，占比 32%；美洲营收 390 亿元，占比 10%；亚太营收 505 亿元，占比 13%。见图 2-1。

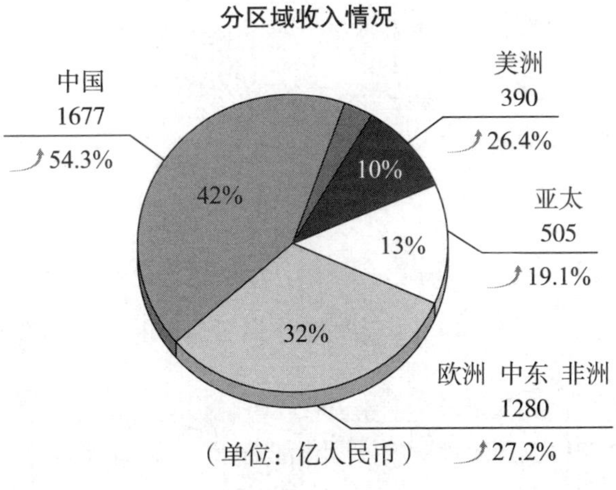


图 2-1　2015 年华为区域营收分布

为此，任正非在《天道酬勤》一文中写道："面对我们所处的产品过剩时代，华为人除了艰苦奋斗还是艰苦奋斗。从来就没有什么救世主，也不靠神仙皇帝，要创造我们的幸福，全靠我们自己。"

纵观华为的发展历程，其实就是一个艰苦奋斗的过程。华为从当初一个无甚名气的深圳小企业，发展成为全球前五大通信设备商，仅仅用了 30 多年的时间。

在国际化拓展中，华为的国际化之路也走得艰难而曲折，即华为的国际化是建立在华为人汗水、泪水、艰辛、坎坷与牺牲的基础之上的。

在全球通信市场，中国通信设备商已经凸显自己的存在，不管是发展中国家，还是发达国家的运营商设备采购招标活动中，中国通信设备商以自身的实力打破了中国高科技产品走不出国门的宿命。这其中，华为就是较为出色的领军者。

关于华为的国际化，任正非在内部讲话中谈道："华为的成功在于坚持不懈地推进'鸡肋战略'，在西方大公司看不上的盐碱地上，我们一点一点地清洗耕耘，所以我们把网路产品做到了世界第一，这是华为立足的基础。思科的危机在于毛利过高，我们不谋求暴利，才活了下来。而且，这么薄的利润也逼着公司在很窄的夹缝中锻炼了能力，提高了管理水准。"

反观华为的国际化不难发现，最初是从 1996 年进入中国香港市场开始的。此后再到俄罗斯，再到非洲、南美、中东等第三世界国家和地区。

这样的国际化发展顺序可以看出，华为的国际化战略优先考虑了通信设备发展较落后的地区，遵循了一个由浅入深的过程。这就是被业界称为"农村包围城市"的国际化战略。华为正是选择了这样的国际化路径，给华为旗开得胜打下坚实的基础。

正是在"农村包围城市"的国际化战略背景下，俄罗斯和拉美市场因此成为华为的国际化目标市场。

公开资料显示，早在 1994 年，华为就有意拓展俄罗斯这块蓝海市场。在其后 3 年间，华为积极地组织了数十个代表团访俄，前后达到数百人次，其间也数次邀请俄代表团访问华为。

在经过充分准备后，特别是在俄罗斯积蓄了 3 年的市场力量后，华为才发起冲锋。尽管如此，华为对能否打开俄罗斯电信市场，依然没有百分之百的把握。

华为与任何一个致力于国际化的企业一样，在拓展国际市场初期也走了很多弯路。据华为当初的销售人员介绍：“1996 年负责客户线的员工刚开始去的时候，一个地方一去两个星期，连个客户的影子都看不到，更不用说介绍产品了。”

1997 年，由于俄罗斯经济陷入低谷，迟迟不能走出经济危机，加上卢布贬值、经济形势一泻千里，在当时，比如 NEC、西门子、阿尔卡特等国际通信巨头纷纷溃逃，甚至还从俄罗斯市场撤资。

正是在没有对手的背景下，加上俄罗斯市场缺乏市场主角，这无疑给了华为一次难得的“搭台唱戏”的绝好机会。

时任华为独联体地区部总裁的李杰，就是在如此条件下被派往俄罗斯市场的。据李杰介绍，1998 年，俄罗斯的天气倒是不冷，可是通信市场实在太冷了，而且紧接着发生的一场金融危机，使俄罗斯整个电信业都停滞下来。

李杰回忆说：“有在打官司的，有在清理货物的，官员们走马观灯似的在眼前晃来晃去，我不仅失去了嗅觉，甚至视线也模糊了，那时候，我唯一可以做的就是等待，由一匹狼变成了一头冬眠的北极熊。”

同年，作为拓展俄罗斯市场主将的李杰，几乎是一无所获。除了与俄罗斯积极沟通，就是告诉合作者，华为还在坚守俄罗斯市场。

1999 年，经过一系列努力的李杰仍然毫无进展，同样一无所获。在日内瓦世界电信大会上，任正非告诫李杰：“李杰，如果有一天俄罗斯市场复苏了，而华为却被挡在了门外，你就从这个楼上跳下去吧。”

接到任正非的进攻指示后，李杰马不停蹄地开始在当地组建营销队伍，将这些营销人员培训后送往俄罗斯的各个地区市场。

经过多方努力，华为以此为基础建立了合资企业——贝托华为。在不断拜访客户中，李杰一行认识了俄罗斯一批运营商管理层，经过了解和频繁沟通后，华为与运营商的信任终于得以建立，形成了当时最主要的客户群。

在艰难的起步中，俄罗斯国家电信局给予华为一张只有区区 12 美元的订单。尽管如此，华为依然锲而不舍地坚持投资俄罗斯市场。

当普京就任俄罗斯总统后，开始全面整顿俄罗斯的宏观经济，使得俄罗斯经济“回暖”。与俄罗斯沟通几年的华为，终于抢在其他竞争者前面，赢得俄罗斯政府新一轮采购计划头班车的车票。

其后，华为屡获战绩——2001 年，华为与俄罗斯国家电信部门签署了上千万美元的 GSM 设备供应合同。2002 年年底，华为又取得了从圣彼得堡到莫斯科 3797 公里超长距离的 320G 的国家光传输干线（DWDM 系统）的订单。2003 年，华为在独联体国家的销售额一举超过 3 亿美元，位居独联体市场国际大型设备供应商的前列。①

① 李超，崔海燕. 华为国际化调查报告［J］. IT 时代周刊，2004（10）.

## “要改变自己的命运，要改变组织的命运，只有一个选择——艰苦奋斗”

华为能够成功地拓展俄罗斯等国际市场，一个重要的因素就是华为人的艰苦奋斗。从这个角度来看，对于任何一个企业来说，要想在企业丛林中生存和发展，“以奋斗者为本”就是一个有效的手段。

在华为，始终在强调“以奋斗者为本，长期坚持艰苦奋斗”，甚至把竞争者喝咖啡的时间都用在把工作任务执行到位上。

这个很多企业经营者听起来老掉牙的管理手段，却被任正非发挥到极致。他不仅让“以奋斗者为本，长期坚持艰苦奋斗”成为华为的核心价值观文化，同时以极大热忱和意志力将其传播。

由于任正非体会过人生的艰辛和挫折，自然也从上一辈那里继承了艰苦奋斗的精神意志。对此，任正非在内部讲话中谈道：“中国人从上一代继承的只有贫困与传统美德，要改变自己的命运，要改变组织的命运，只有一个选择——艰苦奋斗。”

为此，任正非将“以奋斗者为本，长期坚持艰苦奋斗”作为华为的核心价值观文化，同时该价值观也贯穿在《华为基本法》[①]中。

---

① 1998年，起草3年的《华为基本法》正式实施，这是中国第一部总结企业战略、价值观和经营管理原则的“企业宪法”和制度体系。

正是因为坚持“以奋斗者为本，长期坚持艰苦奋斗”，华为获得长期的高增长。如今，在华为已经可以放缓脚步的情况下，危机意识浓厚的任正非看到了华为未来可能遭遇的发展瓶颈，屡次强调华为人要“艰苦奋斗”。

任正非认为，艰苦奋斗必然带来繁荣，繁荣以后不再艰苦奋斗必然丢失繁荣。在任正非看来，华为人不能光要奋斗，以奋斗者为本，同时还必须给奋斗者关爱。正如任正非所言：“不奋斗，华为就没有出路。”

在任正非看来，华为为什么能活到今天，华为将来靠什么活下去，除了艰苦奋斗还是艰苦奋斗。只有艰苦奋斗才是中国企业打败国际跨国公司的一个有效手段，仅仅凭借简单地下决心和喊口号是永远不够的。

可能有企业家反对这样的观点，他们的论据是在中国改革开放前 30 年，很多企业经营者根本就不需要艰苦奋斗，生产的产品供不应求，于是就自认为经营水平较高。其实，这部分企业经营者莫名其妙地把事情做对了。因为中国改革开放前 30 年的市场是完全增长的市场。而如今，中国企业遭遇的最大变化是外部市场不再增长，甚至还可能急剧萎缩。在这个背景下，企业经营者选择艰苦奋斗就显得非常重要。

如今的中国市场已经步入产品过剩、顾客不足时代。这样的彻底改变意味着传统企业主导消费的时代已经结束了，而顾客时代正式宣告开始，究其原因，是顾客决定企业价值，而不是由企业来决定。即企业必须判断顾客需要何种商品，而不是企业能生产什么产品。要完成这样的转变，除了艰苦奋斗，依然是艰苦奋斗。

古人云：“艰难困苦，玉汝于成。”但凡一个取得非凡业绩的企业都不可能一帆风顺，必定饱经风霜、卧薪尝胆，方可到达胜利的彼岸。作为中国一家高科技企业的华为也不例外，在成长的过程中无疑充满了坎坷和荆棘。

在国际化的过程中，华为遭遇了某跨国企业的多次阻击，很多中国企业经营者可能无法想象这样的残酷竞争，但是华为面对的是世界主要发达国家的世界级跨国企业。这些巨头有的拥有几十年甚至100多年的资金和技术积累，有的拥有欧美数百年以来发展形成的工业基础和产业环境，有的拥有世界发达国家的商业底蕴和雄厚的人力资源、社会基础，有的拥有世界一流的专业技术人才和研发体系，有的拥有雄厚的资金和全球著名的品牌，有的拥有深厚的市场地位和客户基础，有的拥有世界级的管理体系和运营经验，有的拥有覆盖全球客户的庞大的营销和服务网络……

面对差距如此巨大的竞争格局，面对世界级跨国企业如此完善的技术，以及经营多年后形成的市场壁垒，摆在华为面前的只有艰苦奋斗一条路，没有任何捷径。

在华为的内部会议上（2006年），任正非介绍了华为人的艰苦奋斗的精神："18年来，我们公司高层管理团队夜以继日地工作，许多高级干部几乎没有什么节假日，所有的主管24小时不能关手机，随时随地都在处理随时发生的问题。现在，更因为全球化后的时差问题，总是连轴转地处理事务和开会。我们没有国际大公司积累了几十年的市场地位、人脉和品牌，没有什么可以依赖，我们只有比别人更多一点奋斗，只有在别人喝咖啡和休闲、健身的时间都在忘我努力地工作，否则，我们根本无法追赶上竞争对手的步伐，根本无法缩小与他们的差距。"

事实证明，对于任何一个中国企业来说，没有艰苦奋斗精神做支撑，该企业是难以长久生存的，即使是由乐显扬创建于清朝康熙八年（1669），传承10代的同仁堂，依然饱经沧桑。在这300多年的发展中，乐家及同仁堂至少有上百年时间遭遇经营困境。家族企业本身的艰苦奋斗等优势，使得同仁堂这个家族企业依然能够坚挺地活下来。

可以肯定地说，不管是国家还是企业，艰苦奋斗都是一个取得胜利的关键因素。2002年12月6日，胡锦涛同志在西柏坡发表的重要讲话中指出：

“中华民族历来以勤劳勇敢、不畏艰苦著称于世。我们的古人早就讲过，‘艰难困苦，玉汝于成’‘居安思危，戒奢以俭’‘忧劳兴国，逸豫亡身’‘生于忧患，死于安乐’等等。这些警世名言，今天对我们依然有着重要的启示作用。历史和现实都表明，一个没有艰苦奋斗精神作支撑的民族，是难以自立自强的；一个没有艰苦奋斗精神作支撑的国家，是难以发展进步的；一个没有艰苦奋斗精神作支撑的政党，是难以兴旺发达的。”

同样，一个没有艰苦奋斗精神作支撑的企业，也是难以长久生存的。在华为，任正非多次在内部会议上强调艰苦奋斗的重要性。任正非说：“我们现在有些干部员工，沾染了骄娇二气，开始乐道于享受生活，放松了自我要求，怕苦怕累，对工作不再兢兢业业，对待遇斤斤计较，这些现象大家必须防微杜渐。不能改正的干部，可以开个欢送会。全体员工都可以监督我们队伍中是否有人（尤其是干部）懈怠了，放弃了艰苦奋斗的优良传统，特别是对我们高层管理者。我们要更多地寻找那些志同道合、愿意与我们一起艰苦奋斗的员工加入我们的队伍。我们要唤醒更多的干部员工认识到艰苦奋斗的重要意义，以艰苦奋斗为荣。”

在任正非看来，华为不仅强调勤奋，也强调巧干。这就是要通过坚持不懈的管理改进和能力提升，提高华为的工作效率和人均效益。这些年来，华为一直在流程、组织、IT 建设等方面持续地变革和优化，努力推动管理创新，取得了不错的效果。不过，华为与欧美的跨国企业相比，在全球化管理体系的成熟度上，在管理者自身经验和能力上，仍然存在巨大的差距。

为此，任正非形象地说：“我们从青纱帐里出来，还来不及取下头上包着的白毛巾，一下子就跨过了太平洋；腰间还挂着地雷，手里提着盒子炮，一下子就掉进了 TURNKEY（一站式方案）工程的大窟窿里……我们还无法做到把事情一次做正确，很多工作来不及系统思考就被迫匆匆启动。”

任正非有这样的看法，源于华为管理效率不高，这就造成了华为压力大、负荷重。面对国际化的残酷竞争，任正非坦言：“我们必须提升对未来客户需求和技术趋势的前瞻力，未雨绸缪，从根本上扭转我们作为行业的后进入者所面临的被动挨打局面；我们必须提升对客户需求理解的准确性，提高打中靶心的成功率，减少无谓的消耗；我们还要加强前端需求的管理，理性承诺，为后端交付争取到宝贵的作业时间，减少不必要的急行军；我们要提升在策划、技术、交付等各方面的基础积累，提升面对快速多变的市场的准备度和响应效率。我们做任何事情都有好的策划，谋定而后动，要善于总结经验教训，并在组织内传播共享。”

任正非补充道：“华为数万名员工，正同他们一样，历尽千辛万苦，才取得今天一点进步。但我们始终认为华为还没有成功，华为的国际市场刚刚有了起色，所面临的外部环境比以往更严峻。全球超过 10 亿用户使用华为的产品和服务，我们已经进入了 100 多个国家，海外很多市场刚爬上滩涂，随时会被赶回海里；网络和业务在转型，客户需求正发生深刻变化，产业和市场风云变幻，刚刚积累的一些技术和经验又一次面临自我否定。在这历史关键时刻，我们决不能分心，不能动摇，不能因为暂时的挫折、外界的质疑，动摇甚至背弃自己的根本，否则，我们将自毁长城，全体员工 18 年的辛勤劳动就会被付诸东流。无论过去、现在，还是将来，我们都要继续保持艰苦奋斗的作风。”

究其原因，华为作为一个正处于在海外开拓征途中的中国高科技企业，其历程注定是艰难的，但是意义也将是非同寻常的。为此，任正非说：“幸福不会从天降，全靠我们来创造，天道酬勤。”

# “创业初期形成的‘垫子文化’记录的是老一代华为人的奋斗和拼搏，是我们宝贵的精神财富”

纵观华为的发展史，任正非把艰苦奋斗视为华为文化的魂、华为文化的主旋律，与华为自身的发展有关。

20 世纪 90 年代，华为创业没多久，没有足够的流动资金。在这样艰难的日子里，华为人把自己的工资、奖金投入公司研发中去，每个人只能拿到微薄的报酬，发工资经常打白条，绝大部分干部、员工长年租住在农民房里，用有限的资金购买原材料、购买实验测试用的示波器。

在资金、技术等各方面都匮乏的条件下，在任正非的领导下，华为人咬牙把鸡蛋放在一个篮子里，紧紧依靠集体奋斗，群策群力，日夜攻关，利用压强原则，重点投入，重点突破，终于研制出了华为的第一台通信设备——数字程控交换机。

正因为如此，才形成了华为众人皆知的“垫子文化”。在中国企业界，华为有几个标签，其中就有“垫子文化”。或许让很多读者想不到的是，与很多企业员工下班就急于回家不同，华为员工愿意主动加班，甚至还把垫子带到办公室。

查阅华为的历史，我们发现，在创业初期，华为新员工报到时，先到总务室去领一条毛巾被和一个床垫。这主要是方便员工在午休时席地而卧，既方便，又非常实用。

由于工作任务繁重，华为人为了更快地研发新产品，甚至加班到晚上，很多人不愿意回到宿舍休息，就把床垫铺开，累了就睡，醒来后继续工作。

为此，华为人自豪地说："床垫文化意味着从早期华为人身上的艰苦奋斗，发展到现在的思想上的艰苦奋斗，构成华为文化一道独特的风景。"

例如，华为员工张云飞，被任正非誉为"软件大师"。在华为工作期间，张云飞一直主持软件开发。在刚加盟华为时，张云飞工作、睡觉几乎都在办公室。在一个大办公室里靠墙的地上，铺着十几个床垫，类似一个大通铺。

据张云飞介绍，在华为任职期间，没有人规定上下班时间，但是人人都加班到深夜。当其他人睡觉后，张云飞把每个人修改的代码审查一遍，然后重新整合在一个版本里，再上机加载测试验证一下后发布出来……这时候差不多天也亮了，张云飞才去睡觉。正是这样的奋斗，为华为成为世界顶级企业打下了基础。

当"奋斗"成为华为文化后，一些负面新闻也随之而来。2006 年 6 月，25 岁的工程师胡新宇不幸因病去世。公开资料显示，胡新宇 2005 年毕业于成都电子科技大学，硕士学历，毕业后加盟华为，主要从事研发工作。

胡新宇在因病住医院以前，经常加班加点，甚至打地铺过夜。在创业初期，华为的管理体系不完善，加上华为坚持客户至上的战略，很多员工经常需要工作至深夜，其后就铺一张垫子休息。这就是华为"垫子文化"的由来。

胡新宇病故的新闻刊载在许多大媒体上，有些媒体将胡新宇的病故称为"过劳死"，发表了《纪念胡新宇君》《天堂里不再有加班》《华为员工的命只值一台交换机的钱》等文章，这样的报道无疑将华为推向了舆论的风口浪尖。

一些媒体针对华为个别员工的死亡事件，铺天盖地地指责华为的"垫子文化"和奋斗精神。

面对媒体的指责，任正非的解释是："创业初期，我们的研发部从五六个开发人员开始，在没有资源、没有条件的情况下，秉承（20世纪）60年代'两弹一星'艰苦奋斗的精神，以忘我工作、拼命奉献的老一辈科技工作者为榜样，大家以勤补拙，刻苦攻关，夜以继日地钻研技术方案，开发、验证、测试产品设备……没有假日和周末，更没有白天和夜晚，累了就在地板上睡一觉，醒来接着干，这就是华为'垫子文化'的起源。虽然今天床垫主要已是用来午休，但创业初期形成的'垫子文化'记录的是老一代华为人的奋斗和拼搏，是我们宝贵的精神财富。"

为了应对这来势汹汹的危机事件，时任华为公司新闻发言人的傅军在接受媒体采访时沉痛地说：

胡新宇是一名很优秀的员工，他在工作、生活中都表现很出色，深受同事们的喜爱。他发病之后，公司的领导一直非常关注，指示要保证他的治疗费用，要不惜一切代价抢救，还从北京请来专家进行会诊。他住院期间，很多同事都去探望并自发捐款希望能留住他，公司上下都为他的不幸去世感到痛心，为新宇的父母失去这样优秀的儿子感到惋惜，对胡爸爸和胡妈妈致以真诚的慰问，在与家属沟通协商后，公司给家属一定数额的抚恤金。

虽然专家诊断的结论是，胡新宇的去世跟加班没有直接的因果关系，但加班所造成的疲劳可能会导致免疫力下降，给了病毒可乘之机。所以这件事情发生之后，公司再一次重申了有关加班的规定："第一是加班至晚上10点以后，要领导批准；第二是严禁在公司过夜。"

IT行业竞争很激烈，甚至很残酷，在华为面向全球的拓展中，有一些客户的要求需快速满足。因此一些团队和小组短期内加班来快速响应，这不仅仅在华为，在IT业界都是较为普遍的现象。

即使需要加班，在加完班之后，按公司规定，加班的员工可以随后进行调休，公司也给员工发了温馨提示，希望大家关注身体健康，做到劳逸结合。

当年公司第一代创业者就像当年美国硅谷的创业者一样，经常挑灯夜战，甚至在公司过夜，这对当时处于创业期的华为来说是必要的。但创业期和发展期不一样。1996 年之后，用床垫在公司过夜的情况非常少了。虽然几乎每个员工都有床垫，但那是用来午休的，不是用来在公司加班过夜的。①

尽管华为公司新闻发言人傅军解释了“床垫文化”，并告知媒体和网友误解了“床垫文化”，但媒体还是借“胡新宇事件”掀起了批判华为“床垫文化”的浪潮。

在媒体一片声讨声中，昔日曾笼罩在层层光环下的“狼性文化”被质疑和批判，因为媒体将矛头对准了华为的企业文化，将“床垫文化”等同于“狼性文化”，认为这种只顾进攻而不善于顾念人性的文化已经不合时宜。但是，一个不为大众所知的事实是，任正非从 2000 年开始就不大提“狼性文化”了。而“床垫文化”属于华为艰苦奋斗精神的重要组成部分，它是华为文化的魂，是华为能走到今天的最重要的推力，是华为无论何时何地都必须坚持不懈地持有的重要文化。②

当“胡新宇事件”发生两年多以后，任正非在华为市场大会上激愤地说：“有人不是在炒作以奋斗者为本、炒作华为的奋斗吗？我说奋斗怎么啦？我

---

① 叶志卫，吴向阳．胡新宇事件再起波澜　华为称网友误解“床垫文化”［N］．深圳特区报，2006-06-14.

② 龚文波．任正非如是说：中国教父级 CEO 的商道智慧［M］．北京：中国经济出版社，2008：191-196.

们全是向共产党学的，为实现共产主义而奋斗终身，为祖国实现四个现代化而奋斗，为了你的家乡建设得比北京还美而奋斗，生命不息，奋斗不止。这些都是共产党的口号，我们不高举共产党的口号，我们高举什么？”

在任正非看来，伟大的公司不仅需要低调，还必须艰苦奋斗，因为艰苦奋斗是华为文化的魂，是华为文化的主旋律。

在《天道酬勤》一文中，任正非回应了媒体的批评。任正非写道：

华为走到今天，在很多人眼里看来已经很大了、成功了。有人认为创业时期形成的“垫子文化”、奋斗文化已经不合适了，可以放松一些，可以按部就班，这是危险的。繁荣的背后都充满危机，这个危机不是繁荣本身必然的特性，而是处在繁荣包围中的人的意识。艰苦奋斗必然带来繁荣，繁荣后不再艰苦奋斗，必然丢失繁荣。“千古兴亡多少事，不尽长江滚滚来”，历史是一面镜子，它给了我们多么深刻的启示。我们还必须长期坚持艰苦奋斗，否则就会走向消亡。当然，奋斗更重要的是思想上的艰苦奋斗，时刻保持危机感，面对成绩保持清醒头脑，不骄不躁。

艰苦奋斗是华为文化的魂，是华为文化的主旋律，我们任何时候都不能因为外界的误解或质疑动摇我们的奋斗文化，我们任何时候都不能因为华为的发展壮大而丢掉了我们的根本——艰苦奋斗。

在该文中，任正非继续写道：

华为茫然中选择了通信领域，是不幸的，这种不幸在于，所有行业中，实业是最难做的，而所有实业中，电子信息产业是最艰险的；这种不幸还在于，面对这样的挑战，华为既没有背景可以依靠，也不拥有任何资源，因此华为人尤其是其领导者将注定为此操劳终身，要比他人付出更多的汗水和泪水，经受更多的煎熬和折磨。唯一幸运的是，华为遇上了改革开放的大潮，遇上了中华民族千载难逢的发展机遇。公司高层领导虽然都经历过公司最初的岁月，意志上受到一定的锻炼，但都没有领导和管理大企业的经历，直至今天仍然是战战兢兢、诚惶诚恐的，因为10余年来他们每时每刻都切身感悟到做这样的大企业有多么难。多年来，唯有更多身心的付出，以勤补拙，牺牲与家人团聚、自己的休息和正常的生活，牺牲了平常人都拥有的很多的亲情和友情，销蚀了自己的健康，经历了一次又一次失败的沮丧和受挫的痛苦，承受着常年身心的煎熬，以常人难以想象的艰苦卓绝的努力和毅力，才带领大家走到今天。

…………

中国是世界上最大的新兴市场，因此，世界巨头都云集中国，公司创立之初，就在自己家门口碰到了全球最激烈的竞争，我们不得不在市场的夹缝中求生存；当我们走出国门拓展国际市场时，放眼一望，所能看得到的良田沃土，早已被西方公司抢占一空，只有在那些偏远、动乱、自然环境恶劣的地区，他们动作稍慢、投入稍小，我们才有一线机会。为了抓住这最后的机会，无数优秀华为儿女离别故土，远离亲情，奔赴海外，无论是在疾病肆虐的非洲，还是在硝烟未散的伊拉克，或者海啸灾后的印度尼西亚，以及地震后的阿尔及利亚……到处都可以看到华为人奋斗的身影。我们有员工在高原缺氧地带开局，爬雪山，越丛林，徒步行走了8天，为服务客户无怨无悔；有员工在国外遭歹徒袭击，头上缝了30多针，康复后又投入工作；有员工在飞机失事中幸存，惊魂未定又救助他人，赢得当地政府和人民的尊敬；也有员工在恐怖爆炸中受伤，或几度患疟疾，康复后继续坚守岗位；我们还有3名年轻的非洲籍优秀员工在出差途中因飞机失事不幸罹难，永远地离开了我们……

18年的历程，10年的国际化，伴随着汗水、泪水、艰辛、坎坷与牺牲，我们一步步艰难地走过来了，面对漫漫长征路，我们还要坚定地走下去。

翻阅资料发现，《天道酬勤》一文刊发在华为公司内部刊物《华为人》报（第178期）2006年7月21日的头版头条上，任正非在文中回顾了华为艰苦奋斗的传统和不断积极进取的危机意识，再次重申华为“不奋斗，华为就没有出路”的指导思想。

有研究者甚至认为，该文也是对网络热炒“过劳死”“床垫文化”等指责的非正式回应，同时，在内部员工层面实现了认识上的高度统一。随着这篇文章很快流传开来，华为对艰苦奋斗精神的坚持很快赢得了社会公众的支持，而原先喧嚣于网络的指责之声也日渐沉寂下去。一场公关危机从万夫所指到逐渐平息，显示了任正非在处理企业危机时的果敢与坚决。[①]

① 龚文波 . 任正非如是说：中国教父级CEO的商道智慧［M］. 北京：中国经济出版社，2008：191–196.

# 无论现在还是将来，我们除了艰苦奋斗还是艰苦奋斗

众所周知，正是老一代华为人“先生产，后生活”的奉献，华为才挺过了最为困难的激情燃烧的岁月，才有了生存和发展，才能步入世界五百强企业的行列。

任正非在内部讲话中回忆：“一直到 2001 年，我们才拿出了所获得利润的一部分来改善我们员工的生活，让我们的部分员工解除了基本的生活上的后顾之忧。”

正是因为华为人的艰苦奋斗，资金和技术缺乏的华为打败了实力雄厚的跨国企业。在发展的路径中，由于华为没有可借鉴的技术，无可避免地在解决方案的理解上不准确，无可避免地在设计、实现上存在幼稚和缺陷。

任正非举例说：“1998 年，交换机用户板设计不合理，导致对全网 100 多万块用户板进行整改；2000 年，光网络设备有电源问题，为了对客户负责和诚信，我们从网上回收、替换了 20 多万块板子，这些板子在仓库里堆积如山，造成损失十几亿；西欧某运营商，由于我们对于其需求理解偏差大，无法及时交付，只能按合同赔偿；亚太的一个移动运营商选择我们的彩铃系统，由于工期极其紧张，工程质量低，造成诸如鸳鸯线等低级错误，给客户造成很大影响；VPN 系统由于没有考虑逃生设计，局部故障导致系统中断，客户无法使用该项业务；系统操作、管理权限不是基于使用者而是基于角色

设计的，权限过大、误操作导致整个系统瘫痪等，无不是因为我们的年轻和幼稚。因为这种年轻和幼稚，所以我们必须也只能付出更多代价，系统的设计和研发要推倒重来，过去的工作等于是白做了。为了还能够赶得上市场的节奏，为了还能够从市场上获得竞争先机，我们只能付出比别人更多的精力来工作。加班累了，就在办公室铺下垫子睡一觉，醒了就继续干；思路没了，就在办公室铺下垫子睡一觉，有了思路就继续干。这造就了华为公司传承至今的'垫子文化'。"

在内部讲话中，任正非又举例说：

1994年，我们第一次参加北京国际通信展，在华为展台上，"从来就没有救世主，也不靠神仙皇帝，要创造新的生活，全靠我们自己"这句话非常与众不同，但对华为员工来讲，这正是当时的真实写照。

设备刚出来，我们很兴奋，又很犯愁，因为业界知道华为的人很少，了解华为的人更少。当时有一个情形，一直深深地印在老华为人的脑海，历久弥新：在北京寒冬的夜晚，我们的销售人员等候了8个小时，终于等到了客户，但仅仅说了半句话，"我是华为的……"，就眼睁睁地看着客户被某个著名公司接走了。

望着客户远去的背影，我们的小伙子只能在深夜的寒风中默默地咀嚼着屡试屡败的沮丧和屡败屡战的苦涩：是啊，怎么能怪客户呢？华为本来就没有几个人知晓啊！由于华为人废寝忘食地工作，始终如一虔诚地对待客户，华为的市场开始有起色了，友商看不到华为这种坚持不懈的艰苦和辛劳，产生了一些误会和曲解，不能理解华为怎么会有这样的进步。

还是当时一位比较了解实情的官员出来说了句公道话："华为的市场人员一年内跑了500个县，而这段时间你们在做什么呢？"当时定格在人们脑海里的华为销售和服务人员的形象是：背着我们的机器，扛着投影仪和行囊，在偏僻的路途上不断地跋涉……

在"愚公移山"中，愚公整天挖山不止，还带着他的儿子、孙子不停地挖下去，终于感动了上帝，把挡在愚公家门前的两座山搬走了。

在我们心里面，一直觉得这个故事也非常形象地描述了华为18年来，尤其是20世纪90年代初、中期和海外市场拓展最困难时期的情形：是我们始终如一对待客户的虔诚和忘我精神，终于感动了"上帝"，感动了我们的客户。

无论国内还是海外，客户让我们有了今天的一些市场，我们永远不要忘本，永远要以宗教般的虔诚对待我们的客户，这正是我们奋斗文化中的重要组成部分。

这样的例子在华为可以说举不胜举。当华为每一次陷入危机时，华为人几乎都是用艰苦奋斗才渡过难关。2001年开始的网络泡沫破裂之后，行业市场急剧下滑，甚至是萎缩，尤其是2002年，这样的市场环境无疑会使得华为进入寒冷彻骨的严冬。华为的销售出现负增长，很多员工因为暂时的不利处境纷纷离开华为，甚至有不少员工在离开时带走了华为的源程序、设计原理图等核心商业机密信息，在外面或自己开公司，或有偿泄露给同业者进行仿制，这种零成本、无投入的仿制，在市场上全面形成了对华为的正面竞争，几乎造成华为公司的灭顶之灾。

不仅如此，由于对市场形势和发展判断失误，华为错失了很多可以获得收益和利润的市场机会。华为没有准确判断泡沫带来的低谷，对局部市场和产品盲目乐观，造成了5亿元的器件库存和积压，NGN至今亏损超过10亿元、3G至今亏损超过40亿元，不知道什么时候才能收回投资。这样的危机使得华为雪上加霜。

为了面对不确定的危机，华为再次开启了艰苦奋斗的列车。任正非回忆说："住两块钱的招待所，顿顿吃方便面，睡机房，我们经常经历；跟我们在同一个客户那里出差的竞争对手的工程师，住的是当地最高档的宾馆，我们是多么羡慕；在同一个机房干活的竞争对手的工程师，一到下午下班时间就收拾东西走了，而我们还在吭哧吭哧地干，我们还是羡慕。"

面对危机，华为人通过艰苦奋斗，扫清了华为发展上的障碍。任正非介绍："我们通过集体降薪来支撑住公司；我们通过忘我工作来弥补我们年轻造成的过错；我们通过舍家别妻奔赴海外开疆拓土来为公司过冬添棉袄。公司上下同心同德，卧薪尝胆，我们挺到了今天。"

任正非回忆说："自公司创立那一天起，我们历尽千辛万苦，一点一点地争取到订单和农村市场。我们把收入都拿出来投入研究开发上。当时我们与世界电信巨头爱立信、阿尔卡特等的规模相差 200 倍之多。通过一点一滴锲而不舍的艰苦努力，我们用了 10 余年时间，终于在 2005 年，销售收入首次突破了 50 亿美元，但与通信巨头的差距仍有好几倍。最近不到一年时间里，业界几次大兼并，一下子使已经缩小的差距又陡然拉大了。我们刚指望获得一些喘息，直一直腰板，拍打拍打身上的泥土，没想到又要开始更加漫长的艰苦跋涉……"

为此，任正非在内部讲话中告诫华为人："2005 年春节晚会上，《千手观音》给了我们很大震撼。那些完全听不到声音，也许一生都不知道什么是声音的孩子，在没有任何音乐协调的情况下，做出那么整齐划一的动作、那么美妙绝伦的演出，其中的艰辛和付出可想而知。华为数万名员工，正同他们一样……在这关键时刻，我们不能分心，不能动摇甚至背弃自己的根本，无论现在还是将来，我们除了艰苦奋斗还是艰苦奋斗。"

# 第 3 章 “狼狈组织”：狼有敏锐的嗅觉、团队合作的精神，以及不屈不挠的坚持

我们提出“狼狈组织”计划，是针对办事处的组织建设的，是从狼与狈的生理行为归纳出来的。狼有敏锐的嗅觉、团队合作的精神，以及不屈不挠的坚持。而狈非常聪明，因为个子小、前腿短，在进攻时不能独立作战，因而它跳跃时是抱紧狼的后部，一起跳跃，就像舵一样操控狼的进攻方向。狈很聪明，很有策划能力，以及很细心，它就是市场的后方平台，帮助做标书、网规、行政服务……

——华为创始人　任正非

# “单提‘狼性文化’，也许会曲解狼狈的合作精神”

“华为的产品也许不是最好的，但那又怎么样？什么是核心竞争力？选择我而没有选择你就是核心竞争力。”任正非在内部讲话中直率地说道。

在华为，不管是研发还是培训，一切都以客户为中心。在任正非看来，唯有市场才是华为的核心竞争力，只有拥有市场，才能确保华为的生存和发展。

当然，要想从竞争对手手里抢到市场，就必须凭借华为人在前线不屈不挠的坚持和冲锋陷阵。在中国本土，华为用“农村包围城市”的战略拓展出巨大的蓝海市场，并且华为铁骑已跨过亚非欧，把战火烧到了太平洋彼岸的美国。

2016 年，华为取得的业绩是骄人的，华为运营商、企业、终端三大业务在 2015 年的基础上稳健增长，实现 2016 年全球销售收入 5216 亿元，同比增长 32%，全年净利润为 371 亿元，同比增长 0.4%，在中国企业史上可谓一个独一无二的例子。

华为能够取得如此业绩，就需要依赖一种能够团结起来的精神，把一个巨大而高素质的团队凝聚起来，使得企业充满战斗力。

在中国企业界，华为是最早提出“狼性精神”的企业。任正非在华为市场部的一次讲话中提道：“我们提出‘狼狈组织’计划，是针对办事处的组织建设的，是从狼与狈的生理行为归纳出来的。狼有敏锐的嗅觉、团队合作的精神，以及不屈不挠的坚持。而狈非常聪明，因为个子小、前腿短，在进攻时不能独立作战，因而它跳跃时是抱紧狼的后部，一起跳跃。就像舵一样操控狼的进攻方向。狈很聪明，很有策划能力，以及很细心，它就是市场的后方平台，帮助做标书、网规、行政服务……”

任正非解释道：“狼与狈是对立统一的案例，单提‘狼文化’，也许会曲解狼狈的合作精神。而且不要一提这种合作精神，就理解为加班加点、出大力、拼苦命。那样太笨，不聪明，怎么可以与狼狈相比。”

华为之所以非常崇尚“狼文化”，是因为狼拥有的独特个性。基于此，任正非认为，狼是华为学习的榜样，要向“狼”学习“狼性”。

作为华为来说，其“狼性”绝不是天生就拥有的，是在后天塑造的。比如“胜则举杯相庆，败则拼死相救”，这是华为塑造团队文化时提出的对队友的关怀和支持，同时也是“狼性团队”的具体体现。

在华为，像这种“狼性文化”无时无刻不影响着华为人，尽管华为一向以低调著称，但时时刻刻把危机意识灌输给每一个员工，时刻“战战兢兢，如临深渊，如履薄冰”。

不管是《华为的冬天》，还是《华为的红旗还能打多久？》，这些讲话无不流露出华为的忧患意识，作为创始人的任正非在担忧未来时，无疑要求一个团结的团队，同时还不能丢失曾经的“狼性”。只有这样，华为才能数次找到冬天的棉袄。

为此，任正非在《致新员工书》中提出：“华为的企业文化是建立在国家优良传统文化基础上的，这个企业文化黏合全体员工团结合作，走群体奋斗的道路。有了这个平台，你的聪明才智方能很好地发挥，并有所成就。没有责任心、不善于合作、不能群体奋斗的人，等于丧失了在华为进步的机会。”

在华为，任正非曾多次提到，华为非常厌恶个人英雄主义，始终坚持团队作战，塑造“胜则举杯相庆，败则拼死相救”的企业团队文化。

在华为，非常重视学习型团队的构建，尤其是董事长孙亚芳。在把市场工作交给其他常务副总裁后，孙亚芳主管两方面的工作：一是人力资源；二是培训中心（现在叫作“华为大学”，孙亚芳是第一任校长）。

# 企业要扩张必须具备狼的三个特性

在开疆拓土的步伐中，“狼性文化”曾经支撑华为赢得了一个又一个胜利。有研究者甚至将此阶段称为“土狼时代”。何谓“土狼时代”呢？具体是指 20 世纪 80 年代至 90 年代，中国通信市场由外国跨国企业垄断，华为凭借艰苦的奋斗和质优价廉的产品，逐步地收回外国跨国企业独霸的时段。

在后来的很多场合下，任正非是这样介绍“土狼时代”的华为精神的。任正非说：“发展中的企业犹如一只狼。狼有三大特性：一是敏锐的嗅觉；二是不屈不挠、奋不顾身的进攻精神；三是群体奋斗的意识。企业要扩张，必须具备狼的这三个特性。”

任正非较为经典地概括了华为在进攻中的状态。当时，任正非宏大的理想与煽动性的语录口号、运动式的内部交流方式，成为艰难环境中华为这个土狼群体拓展生存空间最有效的方式。①

事实证明，在“土狼时代”，华为的进攻势如破竹，从而掀开了华为迈上新高度的扩张时代。1996 年 2 月，华为召开集体辞职大会，成为华为“土狼时代”的杰出代表作。这样的历史记录了华为狼性的残酷和向上，为了生存，只有不屈不挠，勇于进攻，这才使得华为迎来跨越式发展。

---

① 任鸽 . 任正非：缔造狼性华为［N］. 中国企业报，2011-07-26.

在中国企业家的意识中，进入欧洲市场，也就意味着要冒更大的风险。尤其是作为当年中国电信制造业“巨大中华”（巨龙、大唐、中兴、华为）的华为来说，更是如此。在这个排名中，华为名列最后一名。

任正非曾经介绍过华为，称其“没什么背景，也没什么依靠，也没什么资源，唯有努力工作，才可能获得机会”。

从1987年创立开始，在最初10年中，华为的市场拓展实施的是“农村包围城市”的战略。公开数据显示，即使中国移动，也是在1998年才认可华为，其后华为又花了五六年时间，才进入核心网，并提供基站设备。

此时，联通已成立4年，但是华为依然打不进去。在这样的境遇下，华为真正地下决心拓展海外市场，有人把1998年誉为华为国际化元年。

事实上，华为“走出去”的初始动因，是当时中国电信企业的重点在于重组，已经无暇他顾，再加上中国国内电信设备市场一度趋于饱和。

起初，华为与其他中国企业一样，把自己的国际化重心放在中东、非洲和亚洲等地区的发展中国家市场，经过多年的深耕，华为才慢慢地打开国际市场。

一位长期跟踪华为的观察家认为，华为之所以能够较早启动国际化战略，是因为华为是一个被危机感推着走的企业。他的理由是，20世纪40年代出生的这批中国企业家，几乎都在童年有过挨饿的经历。

任正非曾在《我的父亲母亲》一文中回忆道：

> 父母的不自私，那时的处境可以明鉴。我那时14—15岁，是老大，其他一个比一个小，而且不懂事。他们完全可以偷偷地多吃一口粮食，可他们谁也没有这么做。爸爸有时还有机会参加会议，适当改善一下生活。而妈妈那么卑微，不仅要同别的人一样工作，而且还要负担7个孩子的培养、生活。煮饭、洗衣、修煤灶……什么都干，消耗这么大，自

己却从不多吃一口。我们家当时是每餐实行严格分饭制，控制所有人欲望的配给制，保证人人都能活下来。不是这样，总会有一两个弟妹活不到今天。我真正能理解“活下去”这句话的含义。

我高三快高考时，有时在家复习功课，实在饿得受不了了，用米糠和菜和一下，烙着吃，被爸爸碰上几次，他心疼了。其实那时我家穷得连一个可上锁的柜子都没有，粮食是用瓦缸装着，我也不敢去随便抓一把，否则也有一两个弟妹活不到今天（我的不自私也是从父母身上学到的，华为今天这么成功，与我不自私有一点关系）。后3个月，妈妈经常早上塞给我一个小小的玉米饼，要我安心复习功课，我能考上大学，小玉米饼功劳巨大。如果不是这样，也许我也进不了华为这样的公司，社会上多了一名养猪能手，或街边多了一名能工巧匠而已。这个小小的玉米饼，是从父母与弟妹的口中抠出来的，我无以报答他们。

任正非撰写的《我的父亲母亲》一文流传开来，与任正非同龄的联想控股董事长柳传志对此深有感触。

柳传志在读后感中回忆自己半夜饿得受不了爬起来吃羚翘解毒丸的情景。柳传志在文中写道：“知道什么叫饿吗？那就是耗干净你身上的脂肪，然后再耗你的肌肉。”

正是他们拥有这段艰难的挨饿经历，使得他们在经营企业时，危机感比新时代的企业家更强烈。因此，在华为30多年的经营里，任正非曾多次提醒华为“冬天来了”。

2004年，任正非在一篇长达1.3万字的内部讲话中，第二次提醒华为面临严峻困难，要注意“冬天”。其后，华为的海外市场不再局限在印度、泰国、伊拉克等发展中国家和地区，而是逐步延展到欧洲发达国家市场。

在欧洲，华为率先拓展俄罗斯和东欧国家市场，逐步向英、法等发达国家市场拓展。在业务上，华为先是从欧洲边缘运营商的边缘业务开始。

经过一系列的努力开拓，华为已经攻入欧洲主流运营商市场。2004 年 12 月，华为赢得荷兰运营商 Telfort 搭建覆盖全国的 WCDMA 网络的合同，终于打破僵局，首个订单价值 2500 万美元。

虽然该项目的金额不是很大，但这是华为成功迈进欧洲主流市场的一个起点。究其原因，华为的很多转变也由此发生。比如，华为的价格战，很适合在发展中国家开展，而且是行之有效的手段，但在西欧国家不适用。

在西欧国家，客户需求的改变让华为不得不改变策略。在任正非看来，欧洲人“不差钱”，更注重产品的品质和质量。因此，只有在品质和质量上下功夫，华为才可能打开其市场。其后，华为获得英国电信的认证，基于此，华为才有了欧洲市场突破的开始。

老牌的英国电信，具有很好的信誉和口碑。2003 年，英国电信开始在全球范围内选择网络设备供应商，由于此前经过沟通和了解，英国电信颁发给华为投标认证。

据了解，该认证不针对产品，针对企业，总共包括质量、品质、财务、人力资源、环境、科学管理等 12 个维度，其中还有一项人权调查。

为了调查此项，英国电信专门调查华为的生产线以及员工宿舍，调查华为员工的加班时间、待遇，甚至是调查华为的供应商。

在调查期间，由于一个供应商的员工工资低于深圳当地的平均工资，英国电信要求华为与该供应商解除合同，否则就取消此认证。

英国电信持续调查两年之久，足以说明该认证异常严格。当华为获得英国电信颁发的认证后，欧洲市场才真正向华为开放。

正是因为华为得到这个认证，其后华为陆续获得澳大利亚电信、西班牙电信、沃达丰的认证。获得进入欧洲的认证后，华为在欧洲市场的拓展较为顺利。2010 年，欧洲已成为对华为贡献最大的地区。欧洲的突破将华为带到了一个新的全球化阶段。据华为财报数据显示，2010 年，华为全球销售收入达到 1852 亿元，其中海外业务收入 1204 亿元，同比增长 33.8%，占总收入的 65%。而欧洲市场贡献了 30% 左右的海外业务收入。①

---

① 王力为，胡文燕，王嘉鹏，等 . 任正非说华为：从征服欧洲到征服全球［J］. 财新周刊，2015（6）.

## 相比泰坦鸟和剑齿虎，狼群更易存活

30 多年来，华为在市场拓展中取得的骄人业绩是值得其他中国企业学习和借鉴的，这样的路径可以说在中国企业史上是一个较为独特的案例。当然，华为之所以把一个巨大而高素质的团队团结起来，同时充满工作激情，是因为狼性的团队精神。

一些研究者撰文称，互助是华为团队精神的核心。这就是华为崇尚“狼性文化”的关键所在，因为狼拥有三种特性：其一，有良好的嗅觉；其二，反应敏捷；其三，发现猎物集体攻击。

从这三个特性可以看出，华为人把狼当作学习的榜样，要向狼学习“狼性”，主要还是为了更好地激活“狼性文化”。在企业永不停息的边界扩张中，这样的文化是永远不会过时的，因为在市场拓展中，只有团队才能击败独兽，哪怕是世界最大的企业思科也是如此。

当笔者每次在培训课上问学员对华为的第一印象时，他们总会情不自禁地将它与“狼”联系在一起，甚至认为华为是“狼性文化”的代名词。

前几年，电影《狼图腾》再次把狼引入观众的视野中，然而，尽管狼在影视作品中被屡屡向观众展示，却没有被完整地介绍过。之所以狼被很多影视界人士看好，是因为狼有其独具的生存能力和精神。

我们翻阅资料发现，在 200 万年前的地球上，有 3 个最迅猛的食物链顶级杀手，如果按照杀戮威力从大到小来排列，它们分别是泰坦鸟、剑齿虎和狼。

在自然界，优胜劣汰的丛林法则让所有动植物不得不按照此规则进行进化。然而，在经过 200 万年的马拉松长跑之后，泰坦鸟、剑齿虎已经被自然界淘汰掉了，只剩下杀戮威力相对最小的狼。

可能读者好奇的是，泰坦鸟在进化过程中拥有巨大体型、耐力持久、奔跑迅速、攻击迅猛，为什么却在数十万年间大杀四方后灭绝了呢？

究其原因，尽管泰坦鸟和剑齿虎都比狼的威力大得多，体现在体型大、迅猛等方面，但泰坦鸟和剑齿虎都缺乏社会体系，在生存中往往是独居，狩猎时其最大的弊端就凸显出来：首先，无法有效地在外出捕食时保护幼小甚至孵化后代；其次，尽管泰坦鸟和剑齿虎杀戮猎物的能力较强，但由于消化和进食速度，能否守护住捕获的猎物就是一个不得不面临的问题，在非洲大草原上，狮子捕获的猎物被鬣狗抢走的事屡有发生。

个头儿较小的狼群，往往擅长团队作战，不仅可以更有效地保护后代不受其他捕食者的侵扰，同时其捕猎行动非常迅速，善于合作攻击对手的弱点，甚至咬断猎物的大腿跟腱，使其瘫痪，尽管这样的风险较高，但是狼群无所顾忌。狼群 20 分钟就能将一头鹿吃光，丝毫不会留给其他伺机掠夺者任何机会。

就这样，狼在团队的合作狩猎中战胜了泰坦鸟和剑齿虎，当其他顶级杀手都消亡了，狼最终因为自己的卓越进化而生存了下来，一度成为食物链的最高端霸主，直到人类出现。

有管理专家为此认为，在自然界中，在团队建设方面，狼可能比人更有团队精神。狼群在捕猎时通常不会轻易地单独行动，往往都有严密的组织行为，同时还会根据所在地的地形和气候条件，合理安排行动计划。

在商业世界里，团队精神较强的企业往往会赢得竞争的胜利。华为在拓展国际市场时也不例外，由于时刻强调团队精神，时刻强调华为的整体性，被业界誉为华为的“狼性文化”。

关于团队的力量，任正非在内部讲话上强调：“一个人不管如何努力，永远也赶不上时代的步伐。只有组织起数十人、数百人、数千人一同奋斗，你站在这上面，才摸得到时代的脚。我放弃做专家，而是做组织者。我越来越不懂技术，越来越不懂财务，半懂不懂管理，如果不能充分发挥各路英雄的作用，我将一事无成。”

“团队精神”写入了《华为基本法》：“华为始终是一个整体，倾听不同意见，团结一切可以团结的人。这句话包括三个方面：（1）强调华为的整体性；（2）华为允许求同存异，尊重每一个个体的意见；（3）营造大团队氛围。”

《华为基本法》在“整体性”上有详细的规定。如强调“集体奋斗”，而“不迁就有功的员工”等。这样的注解不得不让研究者刮目相看。

《华为基本法》在“求同存异”上也有明确描述。如在“首长办公会”时提出：“各级首长办公会的讨论结果，以会议纪要的方式向上级呈报。报告上必须有三分之二以上的正式成员签名，报告中要特别注明讨论过程中的不同意见。”

为了“大团队”建设更具竞争力，《华为基本法》这样写道：“华为主张在顾客、员工与合作者之间结成利益共同体。”

在任正非看来，只有当顾客、员工、合作者共赢时，企业才能生存和发展，如此战略思维在中国其他企业中较为少见，多数企业经营者通常在“员工之间”或“与合作者之间”提倡利益共同体，很少提及“顾客和企业之间”形成利益共同体。

华为没有停留在战略层面，而是实实在在地工作，团结一切可以团结的力量，打造了一个前所未有的强大的商业生物链。

在这样的背景下，华为只有坚持开放、合作才能赢得客户的认可。一味地挤压合作伙伴来获得发展的路径，被任正非称为“黑寡妇”蜘蛛。

“黑寡妇”蜘蛛可能是世界上声名最盛的毒蜘蛛了，并不是因为其毒性，而是因为“黑寡妇”蜘蛛在交配过程中会慢慢吃掉配偶，作为自己孵化幼蜘蛛的营养。因此，民间才把这种毒蜘蛛取名为“黑寡妇”。

据公开资料显示，“黑寡妇”蜘蛛身体为黑色，腹部有红色的沙漏状图案，雄蜘蛛腹部有红色斑点，身长为 2~8 厘米，这是其标志性特征。

事实上，“黑寡妇”蜘蛛的颜色花纹多种多样，因此颜色花纹并不是“黑寡妇”蜘蛛之间的唯一区别，这个物种可以从猎食方法、外形特征、网的编织、卵包的形状、躲避场所、体形大小、交配方式等不同角度来区别。有的生物学家从毒性方面来区分雌雄，因为成体雄性是没有毒腺的。

当然，由于“黑寡妇”蜘蛛的毒性目前还没有规范的等级，无论它属于哪一种，人被雌性“黑寡妇”蜘蛛叮咬后，死亡的风险只有 5%。不过，一旦人被肯尼亚“白寡妇”或者“花背红寡妇”（被认为是毒性最低的品种）叮咬后，依然会无法忍受其剧痛。

究其原因，就算是被“黑寡妇”蜘蛛轻微叮咬，其毒性直接影响到中央神经系统和肌肉组织。一个被“黑寡妇”叮咬过的受害者将立即感到急性的严酷疼痛，这是因为，毒素直接刺激受害者的过度敏感的中枢神经系统，并带来一些令人不愉快的副作用。

任正非以“黑寡妇”蜘蛛来比喻一味地挤压合作者的利润来获得发展的经营者，结果合作者被吃掉。为此，在 2010 年 PSST 体系干部大会上，任正非为“以客户为中心，加大平台投入，开放合作，实现共赢”为题，强化开放、合作、实现共赢的新思维。

任正非说：“在最近的人力资源管理纲要研讨会上，我讲了要深刻理解客户，深刻理解供应伙伴，深刻理解竞争对手，深刻理解部门之间的相互关系，深刻理解人与人之间的关系，懂得开放、妥协、灰度。我认为任何强者都是在均衡中产生的。我们可以强大到不能再强大，但是如果一个朋友都没有，我们能维持下去吗？显然不能。我们为什么要打倒别人，独自称霸世界呢？想把别人消灭、独霸世界的希特勒，最后灭亡了。华为如果想独霸世界，最终也是要灭亡的。我们为什么不把大家团结起来，和强手合作呢？我们不要有狭隘的观点，想着去消灭谁。我们和强者，要有竞争，也要有合作，只要有益于我们就行了。”

在任正非看来，开放、合作、实现共赢才是企业经营的终极哲学。华为日渐壮大之后，无疑会遭到同行业的批评。为了维护业界的生态，任正非明确地做出指示：“华为跟别人合作，不能做‘黑寡妇’。‘黑寡妇’是拉丁美洲的一种蜘蛛，这种蜘蛛在交配后，母蜘蛛就会吃掉公蜘蛛，作为自己孵化幼蜘蛛的营养。以前华为跟别的公司合作，一两年后，华为就把这些公司吃了或甩了。我们已经够强大了，内心要开放一些、谦虚一点，看问题再深刻一些，不能小肚鸡肠，否则就是楚霸王了。我们一定要寻找更好的合作模式，实现共赢。研发还是比较开放的，但要更加开放，对内、对外都要开放。想一想我们走到今天多么不容易，我们要更多地吸收外界不同的思维方式，不停地碰撞，不要狭隘。”

## 华为“狼性文化”的三大特性

在通信制造业，一些研究者把行业企业比作一望无际的大草原上的三种动物：跨国公司为狮子，跨国公司在中国的合资企业为豹子，中国的本土企业为土狼。

客观地讲，该比喻还是非常贴切的。经过30多年的发展，华为在中国和国际化市场的拓展中，真正为“土狼”做了最为杰出的注解。

在企业竞争中，这样的精神会形成超乎想象的巨大力量，在与狮子和豹子搏斗时赢得生存的机会。对于任何一个初创企业来说，企业经营者只有拥有狼性精神，才能在实力雄厚的跨国企业和本土巨头的夹缝中、前有追兵后有阻截的艰难中生存和发展。究其原因，敏锐地察觉竞争对手的产品研发和销售市场动向的变化，可以在竞争中抓住先机、把握进攻的主动权，同时在竞争过程中挫败竞争者而赢得胜利。

在自然界中，当狼群与狮子战斗时，使用任何一切可以利用的方法，甚至不惜代价以车轮战的方式对狮子发动疯狂攻击，在一轮又一轮的进攻中，把实力雄厚的狮子弄得筋疲力尽。狼群这样的生存能力是非常强大的，大得令狮子都畏惧。

在华为的发展壮大过程中，尽管跨国企业占尽资金和技术优势，但是华为尽可能地找到生存之法——采用市场中十分有效的战术，常常以集体战的方式，打败强大若干倍的竞争对手，赢得不断成长的机会。

事实证明，无论是狮子还是豹子，在分食猎物的竞争中都不敢掉以轻心，甚至非常惧怕不要命的狼群。在通信市场，华为正是扮演着有些不要命的狼群角色，通过各种有效的市场竞争手段，阻击了舶来的狮豹。在短短的30多年间，华为狼群的数量就从几百繁殖到十几万，成功地壮大狼群的规模。

## 一、市场拓展中的狼性

对华为来说，市场拓展表现出了狼性最为鲜活的一面，就是以整体力量向外攻击，为实现目标利用各种手段争夺市场。它对胜利有着疯狂的追求，它对失败有着不懈的忍耐。在竞争中，华为的武器不一定是最好的，但是一定是最有效的，所以它的竞争力根植于它的狼性。[①]

当华为在美国拓展市场受阻后，任正非没有抱怨，而是积极拓展欧洲市场。路透社记者Jane Barrett采访任正非："考虑到国安局这边的监听、泄密，美国不愿意让华为进入美国市场，未来有没有可能，美国让华为卖设备？华为对美国市场有没有采取一些措施？"

对此问题，任正非是这样回答的：

> 我们渴望给美国人民提供服务，我们能够使美国网络健康发展，但基于目前的互不信任，我们在美国的投资速度减慢了。
>
> 随着时间发展，人们对华为的了解会越来越多，比如欧洲等很多国家，并没有排斥华为。我们要加快在这些友好国家的网络发展，加大对

① 江敏．浅析华为企业文化的塑造与启示［D］．南昌大学，2012.

这些地区的投资。2018 年，华为的销售收入可能会到达 700 亿～800 亿美元，新增投资大量会投在英国和欧盟，当然也包括别的国家。我们要逐个解决与各个国家建立信任和互惠互利的机制。

英国近期建立的网络安全监管委员会，我们是坚决支持的，我们欢迎以监管的方式来对待华为。华为有 4 万多员工是外籍员工，华为大量高端科学家都是西方科学家，相当多的管理层也是西方员工，这样的发展，华为肯定对社会越来越透明，越来越让大家增强信任。短时间，有个别国家不信任，但我相信这个历史总会过去。

大家都说我这个人不愿意见媒体，从而说公司很神秘，其实是我个人性格问题，而不是其他原因。因为我个人比较羞涩，不愿意面对社会的荣誉，回避这些的时候，就回避了媒体。所以我也慢慢走向开放，让大家看到我是什么样的人，从而让华为最后一点神秘的面纱被撕掉。

可能读者好奇的是：华为这样一个拥有“狼性文化”的中国优秀企业，为什么在美国频频遭遇贸易壁垒的制约呢？原因还是美国以安全为由的贸易保护主义。这样的“潜规则”让华为颇为无奈。

据媒体报道，让华为在美国遭遇重重阻碍的就是美国外国投资委员会（CFIUS）。该机构成立于 1988 年，专门负责审议外资收购。自从“中海油并购案”之后，该机构对中国企业在美国的并购尤为警惕。

据《纽约时报》报道，该机构以国家安全为由，8 名共和党参议员要求奥巴马政府仔细审视华为向美国斯普林特（Sprint Nextel）供应设备的相关事宜。要求美国政府和国家安全局全面调查华为，评估允许其向斯普林特销售设备带来的风险。

让美国外国投资委员会忌惮华为并购的美国斯普林特公司，到底是一个什么公司呢？据公开资料数据显示，斯普林特创办于 1899 年。目前，斯普林特建立并运营着美国境内唯一全数字的光纤通信网络。主要业务是为美国军队和法律执行部门提供设备，同时也为众多公司提供系列设施、系统软件和服务。

让美国外国投资委员会反对的是，在美国斯普林特公司无线宽带网络的扩容招标中，华为也参加了此次投标，华为有意向斯普林特公司销售其无线通信设备。于是招致 8 名共和党参议员的反对。

这些议员的理由是，一旦华为成为斯普林特的供应商，将会给美国国家以及公司的安全造成潜在威胁。在阻击外国企业合作与并购中，最冠冕堂皇的理由就是国家安全。正是这一理由，使得议员反对华为的正常商业行为看起来无懈可击，他们甚至还将信寄给了时任美国财政部长盖特纳和国家情报局长拉珀。

美国财政部发言人娜塔莉·维斯对此表示，财政部已经收到此信且正在回复，美国政府欢迎包括中国企业在内的外国公司的投资，外国公司的投资使美国经济受益匪浅，投资为美国创造了百万不菲薪水的岗位。[①]

## 二、研发中的狼性

在华为，不屈不挠、奋勇拼搏的狼性无处不在，即使在研发上也同样如此。研究人员勤勤恳恳、埋头苦干，不害怕“冷板凳要坐十年”，坚持“从点点滴滴做起”，研究问题不做广，而是要做深。所以华为的技术总能在国内领先，这是科技产品抢占市场的利器[②]。

为了激活狼性的华为团队，任正非在内部会上说：“我们的管理者，特别是大批年轻的基层管理者，要努力提升自身的管理能力，加强学习，积累

---

① 许洁．华为美国招标再受挫分析建议其海外上市［N］．证券日报，2010-08-26.

② 包晓闻，宋联可．中国企业核心竞争力经典：企业文化［M］．北京：经济科学出版社，2003：15-20.

管理经验。对事的管理上，要做好计划，要合理分配工作，合理规划工作节奏，张弛有度，攻下一个山头后，团队要注意适当休整、认真总结。在对人的管理上，要加强对下属的关心和爱护，多一些沟通和辅导，润物无声，帮助下属提高技能和效率，培养工作中的自信心、成就感。”

## 三、危机意识强烈的狼性

在华为，如同狼一样，人人拥有强烈的危机意识。作为船长的任正非曾写过《华为的冬天》和《北国的春天》两篇文章，其中的“危机论”给中国企业经营者敲响了警钟。

华为之所以能够在与跨国企业如思科、爱立信等的较量中赢得胜利，是因为任正非将狼的三大特性融入华为的核心文化中，从而形成独树一帜的“狼性文化”。特别是在我国企业的实力还远远弱于世界级企业，而又必须在全球经济一体化的竞争中生存的时刻，“狼性文化”发挥了奇效，构成了实用、有效的特殊竞争力。①

可以说，狼性是华为企业文化特性的浓缩，任正非对此有着精辟的论述：“资源是会枯竭的，唯有文化才会生生不息。一切工业产品都是人类智慧创造的，华为没有可以依存的自然资源，唯有在人的头脑中挖掘出大油田、大森林、大煤矿……精神是可以转化成物质的，物质文明有利于巩固精神文明，我们坚持以精神文明促进物质文明的方针。这里的文化，不仅仅包含知识、技术、管理、情操……也包含了一切促进生产力发展的无形因素。”

---

① 包晓闻，宋联可．中国企业核心竞争力经典：企业文化［M］．北京：经济科学出版社，2003：15–20.

# 第 4 章 “宰相必起于州部，猛将必发于卒伍”：永远不会提拔一个没有基层工作经验的人来做管理者

现代化作战要训战结合，干部要以基层实践经验为任职资格，“宰相必起于州部，猛将必发于卒伍”。

——华为创始人　任正非

## “宰相必起于州部，猛将必发于卒伍，干部一定要有成功的实践经验”

在华为的干部管理中，通常采用“选拔制”和“淘汰制”，而不是“培养制”。这与华为自身的选拔机制有关。

在华为，任正非始终强调，但凡提拔的干部，必须从有成功实践经验的人才中去选拔。正所谓“宰相必起于州部，猛将必发于卒伍”。

在中国数千年的历史中，历代帝王为了将自家的家族帝国传承得更久，不得不在人才提拔上下功夫。战国时代，韩非子在《韩非子·显学》一文中就对官员选拔做了阐述：“故明主之吏，宰相必起于州部，猛将必发于卒伍。夫有功者必赏，则爵禄厚而愈劝；迁官袭级，则官职大而愈治。夫爵禄大而官职治，王之道也。”在韩非子看来，打仗勇猛的将领都是从士卒中提拔起来的，贤臣良相也都是从地方官中选拔。

众所周知，韩非子是战国时期法家思想的集大成者，对官员和将领的任命都有独到的见解。韩非子认为，国家的文臣武将，特别是高级官员和将领，一定要从那些拥有基层实际工作经验的人才中选拔。主要是这些人才来自基层，更了解战场的形势和百姓的疾苦，能够更好地处理政务、领兵作战；反之，一旦缺乏基层历练，处理政务、领兵作战就有可能纸上谈兵、误国误民。

在华为2010年的新年献词中，任正非说道：“要从各级组织中选拔一些敢于坚持原则、善于坚持原则的员工，在行使弹劾、否决权中，有成功经验的员工，通过后备队的培养、筛选，走上各级管理岗位……现代化作战要训战结合，干部要以基层实践经验为任职资格，‘宰相必起于州部，猛将必发于卒伍’。”

在华为，实践是干部选拔的最高标准。任正非因此认为，坚持从有成功实践经验的人中选拔干部是保证华为生存与发展的重要因素。

在内部讲话中，任正非强调：“我们强调要从有成功经验的人中选拔、培养干部，反对空谈。当然有些成功经验是很小的，但也是成功的。有成功经验，就表明管理者有一定的方法论以及领导能力，他们经过培养，容易吸收公司的管理方法。”

为此，任正非解释说：“为什么要选拔有成功经验的人呢？不管大项目成功，还是小项目成功，他们总有一个适用的方法论，他们已不是仅仅拥有知识，而是已经将知识转换成能力。这些人再经过培养，又善于总结与自我批评，那么他们就会再有一点进步，贡献就会再大一分。”

这就是华为坚持从成功的实践中选拔干部的原因。当然正是华为“坚持‘宰相必起于州部，猛将必发于卒伍’的理念，引导优秀儿女不畏艰险、不谋私利，走上最需要的地方”，才能一路过关斩将。

不仅如此，在华为的干部选拔中，一定要强调责任结果导向。任正非在内部讲话中阐述：“在责任结果导向的基础上，再按能力来选拔干部。强调要有基层实践经验，没有基层实践经验的机关人员，应叫职员，不能直接选拔为管理干部。如果要当行政干部，必须补好基层实践经验这堂课，否则只能是参谋。虽然西方在很多价值观的评价上不一定正确，但是西方的很多管理方法都是正确的，我们公司只要把住价值观这道关，西方的很多管理模型我们是可以用的。”

任正非补充说道：“HRC 要致力于提升组织活力，我们未来最大的危机还是干部员工队伍的惰性。内部合理化的目标，就是激发组织活力，让队伍去冲锋、增长。‘宰相必起于州部，猛将必发于卒伍’，干部一定要有成功的实践经验。”

## “永远不会提拔一个没有基层工作经验的人来做管理者”

任正非认为，华为要想基业长青和永续经营，就必须让员工从基层做起，特别是那些高管，必须从基层提拔上来。在《致新员工书》中，任正非就屡次提及员工要从基层做起。

2015 年 2 月，任正非再次修改了《致新员工书》，引起了研究者和企业家的广泛关注。

众所周知，《致新员工书》诞生在 1994 年年末，其后任正非多次对此进行修订，但是无论如何修订，《致新员工书》都是华为人必须信守的准则。

在最新修订的《致新员工书》中，任正非坦言：“实践改造了，也造就了一代华为人。‘您想做专家吗？一律从基层做起’已经在公司深入人心。一切凭实际能力与责任心定位，对您个人的评价以及应得到的回报主要取决于您的贡献度。在华为，您给公司添上一块砖，公司给您提供走向成功的阶梯。希望您接受命运的挑战，不屈不挠地前进，您也许会碰得头破血流，但不经磨难，何以成才？在华为改变自己命运的方法，只有两个：一是努力奋斗，二是做出良好的贡献。”

在任正非看来，对于任何一个华为人来说，改变命运只有两个方法：努力奋斗和做出贡献。在奋斗和做出贡献的路径中，在基层锻炼非常重要。因此，任正非告诫新员工："华为永远不会提拔一个没有基层工作经验的人来做管理者。作为新员工，必须不怕做小角色，才有可能做大角，实践是提高的基础。"

在《致新员工书》中，任正非讲道："公司永远不会提拔一个没有基层经验的人做高层管理者。遵循循序渐进的原则，每一个环节对您的人生都有巨大的意义，您要十分认真地去对待现在手中的任何一件工作，十分认真地走好职业生涯的每一个台阶。您要尊重您的直接领导，尽管您也有能力，甚至更强，否则将来您的部下也不会尊重您。长江后浪总在推前浪。要有系统、有分析地提出您的建议，您是一个有文化者，草率的提议对您是不负责任，也浪费了别人的时间。特别是新来者，不要下车伊始动不动就哇啦哇啦，要深入、透彻地分析，找出一个环节的问题，找到解决的办法，踏踏实实地一点一点地去做，不要哗众取宠。"

据悉，一个华为新员工，刚到华为就开始提出解决华为的经营战略问题，于是写了一封"万言书"给任正非，任正非的批复是："此人如果有精神病，建议送医院治疗；如果没病，建议辞退。"

## 最优秀的人才能被外派到基层

在华为的干部选拔中，但凡是机关干部，都必须到海外去锻炼。不仅如此，还必须长期地、身先士卒地待在国外，完成全项目的工作之后，才能返回华为总部。

任正非坦言："我们一定要在监控有效的条件下，尽力精简机关。在同等条件下，机关干部是越少越好，当然不能少得一个也没有。因此我们一定要坚定不移地把一部分机关干部派到直接产生增值的岗位上去。"

在任正非看来，"不懂战争的人指挥战争，一定是高成本。总部机关的干部一定要对自己服务的业务有成功的实践经验，并具有快速准确、任劳任怨的服务精神与服务能力。机关的职员也一定要有服务业务的实践经验"。

任正非的理由是："公司总部一定要从管控中心转变成服务中心、支持中心，机关要精简副职及总编制，副职以下干部要转成职业经理人。拥有决策权的正职，必须来自一线，而且经常转换。以后总部不再从机关副职中选拔正职。公司强调干部的选拔，一定要有基层成功经验。什么叫指挥中心建在听得见炮响的地方？就是这个项目或战役的指挥调控权在前线，机关起服务作用，炮弹运不到就要处分机关的责任人，而不是推诿前方报表的问题。"

在华为，只有最优秀的人才，才有可能被外派到基层。当然，被选中的员工也可以选择不去，但是这样可能失去一个历练的机会。时任华为

LTETDD 产品线副总裁邱恒就非常认可华为的做法：“去，就是给你一个舞台，让你有机会学习、成长；年底绩效好，还可以多认股、多分红，为什么不去呢？”

这样的观点得到了时任轮值 CEO 郭平的赞同，郭平坦言：“在华为只有最优秀的人才能被外派到基层。”这与日本企业不同，日本企业通常都讲究辈分，往往等上七八年可能都还轮不到升迁，但是，在华为就不同，在华为奋斗 10 年的员工，已是一个统管 4000 名研发工程师的中层主管了。

任正非把这样的升迁管理哲学叫作“少将连长”。华为集团国际咨询委员会资深顾问田涛，就曾经高度评价了华为的这种做法：“华为的领导班子，都是一路从基层打拼上来的，只要有战功，30 岁当‘少将’，管几十亿美元的合同，都是很常见的事。”

众所周知，田涛既是任正非的私人朋友，又是华为的资深顾问，田涛分析认为，“能者多劳，多劳者多得”是华为的企业精神。

在田涛看来，尽管任正非大量导入了 IBM、GE、惠普等西方公司的管理制度，却对华尔街的金融体系不以为然。究其原因，在任正非眼中，搞金融的人光靠数字游戏就能赚进大笔财富，真正卷起袖子苦干的人却只能赚取微薄的工资，这是全世界最不合理的事。所以任正非坚决不让华为上市，宁可选择把利润分享给员工。因此，任正非非常务实地将最优秀的人才外派到基层，使其晋升为“少将连长”。

新华社记者赵东辉、李斌、刘诗平、蔡国兆、彭勇、何雨欣在华为总部，就“华为有没有弱点”这一话题采访了任正非。

任正非毫不避讳地回答说：“有。华为公司 3 年前应该快垮了。为什么？因为大家有钱了、怕苦了。我们往海外派人都派不出去。大家都想在北京买房、陪小孩儿，都想在好地方待。我们就琢磨：为什么不提升一线作战的人的待遇呢？我们确定非洲‘将军’的标准与上海、北京的标准不一样，年轻人在非洲很快就当上‘将军’。你在非洲干，就朝着这个非洲‘将军’的标准，达到了就是‘将军’，就可以拿‘将军’的钱。现在我们的非洲员工根本不想回来。”

事实证明，华为能获得成功，跟任正非让华为人从基层做起有着很大的关系，因为华为员工从基层工作中了解了消费者对产品的需求，提高了市场的敏感度。

# 第5章 “不搞田忌赛马”：容得下世界级人才，建立起全面超越的专家队伍

我们在科学家人才领域不搞田忌赛马，华为要靠自己的整体优势取胜，而非像田忌赛马那样整体实力不足，仅靠调整部署取得一两次胜利，华为必须持续取胜。因此，华为要加大前瞻性、战略性投入，要容得下世界级人才，建立起全面超越的专家队伍；把握先机，在理论建构能力、科学家数量、产品质量等诸方面超过业界。只有这样，华为才能避免衰落，不断发展壮大，持续地活下去并且还能活得很好。

——华为创始人　任正非

# 华为要有开放的用人态度，吸纳全球优秀人才

在很多经济论坛上，一些企业家曾高调分享了《田忌赛马》故事中战败对手的智慧。该故事的大意是，齐国大将田忌与齐威王进行一场赛马比赛，由于田忌的赛马整体不足，在不占优势的情况下，毅然调整部署，最终反败为胜。

基于此，该故事被当作一个成功案例出现在论坛上就不足为奇。但是有的研究者认为，田忌赛马违背诚信原则，其理由是田忌的做法毕竟不是长久之计，因为这样的战略只是投机取巧。

在人才的引进和培养上，作为华为创始人的任正非很清醒。任正非在内部讲话中谈道："我们在科学家人才领域不搞田忌赛马，华为要靠自己的整体优势取胜，而非像田忌赛马那样整体实力不足，仅靠调整部署取得一两次胜利，华为必须持续取胜。因此，华为要加大前瞻性、战略性投入，要容得下世界级人才，建立起全面超越的专家队伍；把握先机，在理论建构能力、科学家数量、产品质量等诸方面超过业界。只有这样，华为才能避免衰落，不断发展壮大，持续地活下去并且还能活得很好。"

在任正非看来，华为持续取胜，关键在于能够容得下世界级人才，同时还必须建立起一批全面超越的专家队伍。2017 年 8 月 26 日，任正

非在全球能力布局汇报会上讲话时强调：“我们为什么要建能力中心呢？向美国学习。美国原住民是印第安人，今天的美国之所以发达，是因为它先进的制度、灵活的机制、明确清晰的财产权、对个人权利的尊重与保障，吸引了全世界的优秀人才，从而推动亿万人才在美国土地上投资和创新。”

与之形成对比的是，斯拉夫民族的很多人都是杰出的，为什么他们在东欧时没有成功，因为东欧缺少合适的“土壤”。

任正非反思：“华为能不能也让优秀人才脱颖而出呢？能不能具有美国一样的土地，让他们生存发展呢？随着人工智能的发展，我们公司的员工数量不会随销售收入呈线性增加，那么为了公司的产值和利润提升，为什么不能去全世界进行人才争夺战呢？”

要想打赢在全世界进行的人才争夺战，华为就需要开放的用人态度。任正非说道：“华为要有开放的用人态度。美军参联会主席邓福德，3 年时间从一星准将升到四星上将，而且是参联会一把手；艾森豪威尔从上校升到五星级上将，只用了 5 年时间……美国这样的用人态度，为什么华为就不能用？”

基于此，任正非的策略是建立能力中心和人才中心。任正非介绍说：“我们要建立能力中心和人才中心。能力中心与人才中心有所区别，我们在穷国、战乱国家去获取世界级优秀人才，不是建能力中心，而是要把人才吸引过来，创造一个环境。未来国内的基建完成时，我们还要再建立让当地人才感到体面的海外基地。”

这就是为什么华为投资爱尔兰的一个重要驱动力。任正非解释道：“我们要重视对爱尔兰的投资，它离纽约只有 6 个小时的航程，但税收比美国和中国低很多，所以很多美国大公司的资源都放到了爱尔兰。我们在那里能够亲身感受美国文化，轻松获取美国人才，而且它的生活环境更美。美国可以在全世界建立基地，我们可以围着美国周边建人才基地。”

在任正非看来，21 世纪什么最重要？答案就是人才。在人才管理上，任正非始终坚持华为要有开放的用人态度，吸纳全球优秀人才。

# 华为研发部的人力资源体系

华为作为一个研发实力较强的企业，无疑需要大量的技术专家岗位。截至 2015 年年底，华为全球员工总数约 17 万人，其中研发员工的比例占到 45%，服务员工的占比为 20.2%，市场与解决方案员工的占比为 9.2%，供应体系员工的占比为 7.8%，销售员工的占比为 6.4%。

一般来说，技术专家岗位的专业能力相比管理岗位的通用能力，更需要长期的积累。基于此，填补技术专家岗位空缺的难度通常要大很多。

为了解决这个难题，华为在寻找、确定和持续追踪可能胜任企业关键岗位的梯队人才方面，可谓花费不少心思。找到这些专家梯队人才后，华为还注重使用培养、传承和发展，以便满足华为的不同业务需求。

在华为，业务主管作为专家继任者规划责任人，可以自主确定项目思路并做出决策，只需要向上级汇报项目进程和结果。人力资源部门通常需要负责其流程支持，提供专业方法。

从这个角度来看，华为研发部的一个显著特征是拥有自己独立的“技术干部部”（即人力资源部）。

为了招聘更加适合的技术人才，通常从各业务部抽调干部任职华为研发的“干部部”，主要负责专门研究研发体系下人员的配比、招聘方式、培养方式等，以及华为研发部的薪酬体系、任职资格等研发工程师比较关心的问题。①

作为“技术干部部”，不仅负责华为研发部的企业文化建设的组织和宣传，还经常组织各种技术类、管理类、企业文化类培训，为华为管理队伍提供后备力量。

通常，在诸多研发型企业中，人力资源部几乎都隶属于行政岗位，由专门的行政人员担任。在华为研发部，有人曾一度认为，其研发人员的招聘和管理，非技术人员是无法起到较好的作用的，究其原因，是没有担任过研发部经理的人、没有管过研发的人，通常无法胜任“干部部”的职责。

华为研发部为确保“干部部”岗位工作的有效性，一度规定研发领导但凡没有在“干部部”任过职，没有系统地管理过人力资源，是不能再升职的。正因为如此，华为研发部非常重视自身人力资源管理队伍的建设和管理，使得华为对研发人员、研发干部人员的管理成效较为显著，比如，华为对研发人员的工作评价、绩效导向等管理措施，得到了研发人员的认可。

在华为研发部，还拥有一支强大的宣传队伍，这就是“干部部”领导下的秘书处。在很多企业中，秘书往往都是做做杂事、跑跑腿。

在华为研发部，秘书的职责要复杂得多，不仅是“工宣队”，还要把技术管理和企业文化建设的“神经末梢”打通。

与其他企业不同的是，华为研发部秘书的招聘，通常是按照女工程师的要求招聘的。其基本条件是名牌大学理工科本科以上学历，同时需要对技术具有极高的领悟力。秘书经过长期的训练，无疑就能看懂技术文档、技术文件。

在华为，当各个技术管理流程和制度、文化导向（即赞同什么样的研发行为，批评什么样的研发行为）、工作主题和方针一旦被“干部部”确定下来，其宣传工作就会立即启动。

---

① 罗锋 . 华为技术专家的梯队建设是怎么做的［EB/OL］.http: //www.sohu.com/a/135204254_704054.

一般来说，主要由“干部部”组织秘书完成此项宣传工作。例如，在某段时间，华为需要研发部加强“反幼稚”的宣传，这是由于某些研发人员在产品研发设计时不注意而产生诸多错误，对生产和市场带来许多不良影响。

在这个时间段，在研发部的走廊里、电梯入口处，都可以看到“工宣队”制作的各种幽默宣传漫画。在这些漫画中，一一列举了什么叫研发的幼稚行为，以及如何避免研发的幼稚病等问题。

在华为，研发部还会组织各部门开展学习和研讨活动，每位工程师通常都要写学习企业文化方面的心得或反思文章，不仅如此，还会将优秀的文章上放到华为的内部报刊《管理优化报》上发表，同时会同《华为人》报编辑部将优秀文章印刷成书，形成各种讨论文集，其后再发放给研发人员作为学习资料。

在早期，华为研发部每两周都会有一次类似的学习活动，主要针对一些重大的研发流程和制度。不仅如此，还成立专项工作组，该专项工作组的一个重要职责就是宣传和推广本工作组的结果和输出，让华为广大工程师都了解。除了柔性的宣传，还常常配合奖罚措施，比如“创新奖”“学习奖”“培训奖”等。

## 技术专家梯队建设的“四点一线”

在华为技术专家的梯队建设思路中，其核心逻辑是“业务战略—人才需求—岗位要求—人才梯队”（简称“四点一线”）。在其中，业务需求的专业人才澄清、专家岗位梳理与岗位要求，则是华为专家梯队人才识别的基础，其行为直接决定华为专家梯队盘点的整体质量。

一、业务战略。业务战略是技术专家继任规划开展的前提。在华为，每年都会对业务战略进行更新。根据每年最新的业务战略需求，构建和调整人才梯队。为此，就职于华为的罗锋撰文称：“梯队盘点要基于业务战略，但业务战略不是梯队盘点报告的主要内容。”

二、人才需求。华为在每年更新业务战略的同时，也会根据业务战略梳理未来 2~3 年的人才需求，进行人才规划以满足业务需求。

三、岗位要求。华为结合自身的业务与人才需求，及时调整技术专家岗位的设置。例如，增加投入期与成长期业务的岗位数量，以及减少成熟期和衰退期业务的岗位数量。针对新增加的技术专家岗位，华为会根据未来 2~3 年的人才需求明确其岗位职责；针对既有岗位，华为也会进行相应的职责更新，有效确保了岗位职责与未来业务发展的紧密关联。

四、人才梯队。华为在技术专家岗位盘点并更新完成后，会进行专家人才梯队的建设。其具体内容如下。

第一，岗位选择。一般情况下，华为专家继任者规划在实施过程中往往考虑到岗位数量过多。因此，华为将业务部门重点选择放在如下三类岗位：一是根据未来战略匹配人才需求，即围绕未来业务战略选取核心关键岗位；二是重点判断当前短板或急需提升发展的岗位；三是重点关注有空缺风险的岗位，比如，现任可能发生变动，且候选人获取困难的岗位。

第二，继任者选拔。在继任者选拔中，先由业务部门提名。当然，业务部门的提名，必须将人才标准、提名规则、人才选定考虑进去。

（1）人才标准。一般来说，人力资源部通常会提供相应模板和工具支撑。根据模板和工具，将人才选拔的参考标准反馈到业务部门主管，例如岗位能力要求、工作经验（包括成功的产品、海外经验、管理经验等）、综合素质（包括影响力、创新能力等）。

在这些选拔标准中，华为首要关注和考查的是人才的综合素质，其次才是其能力和经验。

在华为看来，员工的能力及工作经验是可以培养的，但是综合素质不能培养。华为选拔干部，必须考查六个必要条件：绩效、任职资格、经验、素质、价值观、愿景。见图 5-1。

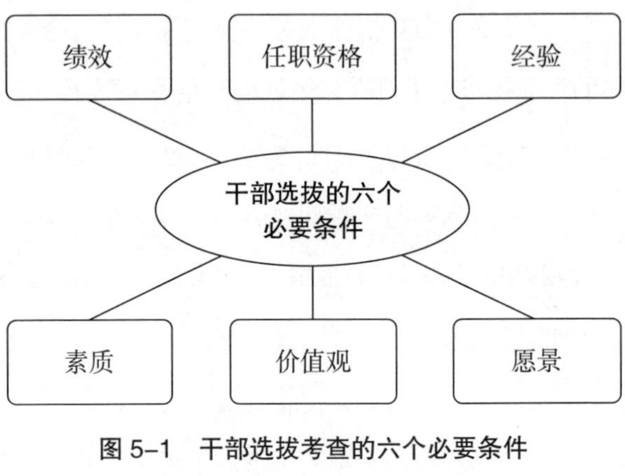


**图 5-1　干部选拔考查的六个必要条件**

（2）提名规则。华为确保业务主管在提名继任者时，不仅仅局限在其所在部门，还做了适当的提名调整。即业务主管在填写候选人名单时应该填写三个类别：a. 本部门员工；b. 其他部门员工；c. 公司外部人才。

这样的调整，使得华为针对能力薄弱的岗位进行内部培养，与外部招聘结合起来，同时更有利于华为业务主管拓宽视野，为其关注更多的人才提供政策支持。

（3）人选确定。在华为，梯队盘点信息是保密的，通常不能和被提名人员进行沟通。这样做的好处是避免被提名人员由于提拔不成引发不满情绪。

一般来说，上级统一审视各个下属主管的提名名单，并做出适当的调整。当梯队盘点名单经审视最终确定后，各个主管可据此落实后备人员的培养与发展。

第三，人才发展。一旦人才选拔完成，其后，根据继任准备程度，华为将继任者候选人分为三个等级：一是 Ready-now，聚焦精准；二是 One-job-away，聚焦发展，需制订未来 1~2 年有针对性的详细培养发展计划；三是 Two-job-away，看重潜质，可以指引员工未来 3~5 年的职业发展路径。针对 OJA 和 TJW 人员，华为通过各种手段为人才提供发展和锻炼机会，以缩小和岗位要求的差距。

第四，能上能下机制。针对专家岗位，华为每年都会淘汰一定比例的不合格人员。华为这样做，就是通过优胜劣汰的管理手段，最大化地激活技术专家。即使在业务平稳增长阶段，华为每年也可以保障一定比例的技术专家晋级到更高的岗位上。

第五，发展项目。在华为，在自身的发展过程中，人才都非常重视通过实践学习提升自己的工作能力。为此，以下几个主要的发展项目中也体现了华为的人才发展原则。

（1）鸿雁计划。在华为，每年在内部选择若干位技术领域内的中层专家进行轮岗发展。华为轮岗的目的有两个：一是事求人，基于业务需求；二是人求事，基于员工发展需要。

华为考虑到能上能下机制对人才发展路径的影响，因此，在轮岗过程中，不仅会观察专家人才轮岗时的个人发展情况，也会对这部分人才设置一年的保护期，确保在其轮岗第一年内不会被降级。

（2）拜师会。所谓拜师会，是指安排高潜力人才与公司内部的首席技术专家结对拜师。在华为通常认为，“拜师会”相比导师制度更具实践性，关键在于“老师”会带领“学生”直接进行项目实践。

（3）挑战性项目。“创新项目会”优先考虑继任者梯队人选，同时也会通过解决一些老大难问题来给专家锻炼机会。通过专家大讲堂提升继任者梯队人选解决问题的能力。一般来说，华为每个月邀请业界专家、公司顶尖专家、大学教授为员工讲授行业新技术等内容。

（4）创新思维课程。华为与第三方合作开展课堂培训和工作坊。安排技术专家去参加学习，锻炼创新思维，掌握创新思维方法。

通过上述的培养，当人才发展后，华为依旧通过“继任者命中率”指标判断继任者计划的实施效果。即新岗位被填补后需要对比实际的任职名单与原先的继任规划名单的符合程度，分析个别团队命中率过低的真正原因。

# 第6章 "歪瓜裂枣"：敢于为有缺点的奋斗者说话，要抓住贡献这个主要矛盾，不求全责备

公司要宽容"歪瓜裂枣"的奇思异想，以前一说"歪瓜裂枣"，就把"裂"写成劣等的"劣"。你们搞错了，枣是"裂"的最甜，瓜是"歪"的最甜。他们虽然不被大家看好，但我们从战略眼光上看好这些人。今天我们重新看王国维、李鸿章，实际上他们就是历史上的"歪瓜裂枣"。我们要理解这些"歪瓜裂枣"，并支持他们，他们可能超前了时代，令人不可理解。你怎么知道他们就不是这个时代的凡·高，这个时代的贝多芬，未来的谷歌?

——华为创始人　任正非

# 要活下去，就必须宽容“歪瓜裂枣”的异想

在任正非的演讲中，时常提到“歪瓜裂枣”理论。什么是“歪瓜”呢？所谓“歪瓜”，是指长得不圆的西瓜。什么是“裂枣”呢？所谓“裂枣”是指表面平滑但有裂痕的大枣。

从“歪瓜裂枣”的定义不难看出，“歪瓜裂枣”虽然外表不完美，但它们反而比正常的西瓜和枣更甜。在该理论中，任正非把华为公司里一些“歪才”“怪才”比喻成“歪瓜裂枣”，即那些绩效不错，但在某些方面不遵从华为公司规章的人，尤其是一些技术专家，都有着特别的个性和习惯。

在 2012 年实验室座谈会上，时任海思技术规划部副部长王志敏问道：“任总您好，我是王志敏，来自海思战略技术规划部，这是一个涉及产业链的问题。您刚才提到的战略攻关是我们非常重要的工作之一，半导体行业的战略攻关与后端生产制造非常相关，同时亚太区半导体的产业环境也在完善，在这个特殊的时期和阶段，我们公司是否会把半导体产业基础做得更加稳固？”

针对王志敏提出的问题，任正非是这样解释的：

第一点，我们不能为了获取这个体系的利益而去做半导体产业。半导体的生产是化学问题和物理问题，不是我们的优势，我们的优势就是

数据逻辑，就是在软件、电路设计上的数学逻辑。我们即使做了个工厂，做个 12 英寸，外面做 16 英寸的，就把我们抛弃了。我们在制造行业，是不可能持续领先的。

第二点，我们一定要耐得住寂寞，板凳要坐十年冷，特别是基础研究。在二十世纪五六十年代的电影演员是没有啥钱的，我曾经听过在 20 世纪 80 年代初期，我们中国顶级的明星刘欢、王刚等从北京到太原演出，走一次穴能赚多少钱呢？赚 20 元人民币。但是怎么能说他们对中华民族的文化就没有贡献呢？我们去俄罗斯的最大感受是什么？就是普希金、屠格涅夫、托尔斯泰等这些人，是俄罗斯的文化、文明。俄罗斯是文化大国，它的文化对整个区域都产生了影响。

任正非补充道：

这两天看有关王国维的电视剧，王国维是鲁迅先生骂的“不耻于人类的狗屎堆”，今天回过头看这个人的哲学思想是很伟大的。当年张之洞去开矿山、办工厂，李鸿章搞洋务的时候，王国维说：“振兴中华要靠哲学。”但是，他还是被抛进历史的垃圾堆，作为清华大学教授，最后投湖自尽了。中国有两个痛苦的灵魂，以前说最痛苦的灵魂是鲁迅，现在往前走一步，王国维也是中国最痛苦的灵魂。王国维讲哲学才能改变中国，今天来看确实是这样的。英国、美国、日本、法国、德国及整个欧洲社会，他们在哲学体系上搞清楚了，他们国家几百年没有动乱过。

而我们的政策一会儿左，一会儿右，就是从上到下我们的价值观上没有统一，哲学观点没有统一。今天重新纪念王国维是源于王国维这句话，是因为他对中国洋务运动的批判。中国应该先搞哲学来改造人们的思想，国家才能有新的机制和体制产生，王国维以前是一个“不耻于人类的狗屎堆”，现在我们觉得他是很伟大的。所以不要为一时半时有没有光荣和功勋去计较，要为千秋万代、为中华民族要做出历史贡献。

在看待历史问题的时候，特别是做基础科学的人，要更多地看到你对未来产生的历史价值和贡献。我们公司要宽容“歪瓜裂枣”的奇思异想，以前一说“歪瓜裂枣”，他们把“裂”写成劣等的“劣”。我说你们搞错了，枣是“裂”的最甜，瓜是“歪”的最甜。他们虽然不被大家看好，但我们从战略眼光上看好这些人。

今天我们重新看王国维、李鸿章，实际上他们就是历史上的“歪瓜裂枣”。从事基础研究的人，有时候不需要急功近利，所以我们从来不让你们去比论文数量这些东西，就是想让你们能够踏踏实实地做学问。但做得也不够好。为什么说不够好呢？就是我们的价值观也不能完全做到统一，统一的价值观是经过多少代人的磨合才有可能的，现在我们也不能肯定，但是我们尽力去做。

在任正非看来，华为只有宽容“歪瓜裂枣”的奇思异想，才能活下去。正是任正非的包容，才打造了令世界跨国公司都恐惧的华为。

可能读者会问：如何合理地评价这些人，让这些“歪瓜裂枣”真正发挥自己的价值并获得与其贡献相符的回报呢？

华为《管理优化》中提出：“作为管理者，要在公司价值观和导向的指引下，基于政策和制度实事求是地去评价一个人，而不能僵化地去执行公司的规章制度。在价值分配方面要敢于为有缺点的奋斗者说话，要抓住贡献这个主要矛盾，不求全责备。”

# “理解‘歪瓜裂枣’，允许黑天鹅在咖啡杯中飞起来”

在华为内部，任正非一直都在倡导允许异见。例如，余承东自从 2010 年出任华为消费者 BG CEO 后，其行事相对较为高调，又出言不逊，惹得内外风波不断。

当时，由于华为手机几乎全线失败，而风头正盛的小米把华为手机挤压得喘不过气来，这让余承东不堪忍受。为此，余承东坦言：“我的痛苦来自反对声，很多异议，很多噪音，压力非常大。”

在华为内部，余承东曾一度被“禁言”，甚至差点被“下课”。面对消费者 BG 以及人们对余承东的种种非议，任正非表现出极强的宽容度。

在华为内部会议上，任正非讲道：

> 华为过去是一个封闭的人才金字塔结构，我们已炸开金字塔尖，开放地吸取“宇宙”能量，加强与全世界科学家的对话与合作，支持同方向科学家的研究，积极地参加各种国际产业与标准组织、各种学术讨论，多与能人喝喝咖啡，从思想的火花中感知发展方向。有了巨大势能的积累、释放，才有厚积薄发。
>
> 内部对不确定性的研究、验证，正实行多路径、多梯次的进攻，密集弹药，饱和攻击。蓝军也要实体化，并且，不以成败论英雄。从失败

中提取成功的因子，总结、肯定、表扬，使探索持续不断。对未来的探索本来就没有“失败”这个名词，不完美的英雄也是英雄。

鼓舞人们不断地献身科学，不断地探索，使“失败”的人才、经验继续留在我们的队伍里，我们会更成熟。我们要理解“歪瓜裂枣”，允许黑天鹅在我们的咖啡杯中飞起来。创新本来就有可能成功，也有可能失败。我们也要敢于拥抱颠覆。鸡蛋从外向内打破是煎蛋，从里面打破飞出来的是崭新的生命。

现在的时代，科技进步太快，不确定性越来越多，我们也会从沉浸在产品开发的确定性工作中，加大对不确定性研究的投入，追赶时代的脚步。我们鼓励我们几十个能力中心的科学家、数万专家与工程师加强交流，思想碰撞，一杯咖啡吸收别人的火花与能量，把战略技术研讨会变成一个“罗马广场”，一个开放的科技讨论平台，让思想的火花燃成熊熊大火。公司要具有理想，就要具有在局部范围内抛弃利益计算的精神，重大创新是很难规划出来的。固守成规是最容易的选择，但也会失去大的机会。

我们不仅仅是以内生为主，外引也要更强。我们的俄罗斯数学家，他们更乐意做更长期、挑战很大的项目，与我们勤奋的中国人结合起来；日本科学家的精细，法国数学家的浪漫，意大利科学家的忘我工作，英国、比利时科学家领导世界的能力……会使我们胸有成竹地在2020年销售收入超过1500亿美元。

面对问题人才，华为需要打破常规，坚持奋斗文化，坚持用最优秀的人去培养更优秀的人。任正非说：

用什么样的价值观就能塑造什么样的一代青年。蓬生麻中，不扶自直。奋斗并创造价值是一代青年的责任与义务。

我们处在互联网时代，青年的思想比较开放、活跃、自由，我们要引导和教育，也要允许一部分人快乐地度过平凡的一生。

现在华为奋斗在一线的骨干，都是“八〇后”“九〇后”，特别是在非洲、中东的疫情、战乱地区，还有阿富汗、也门、叙利亚……“八〇后”“九〇后”是有希望的一代。近期我们在美国招聘优秀中国留学生（财务），全部都要求去非洲、去艰苦地区，华为的口号是“先学会管理世界，再学会管理公司”。

我们国家百年振兴中国梦的基础在教育，教育的基础在老师。教育要瞄准未来。未来社会是一个智能社会，不是以一般劳动力为中心的社会，没有文化不能驾驭。若这个时期同时发生资本大规模雇用智能机器人，两极分化会更严重。这时，有可能西方制造业重回低成本，产业将转移回西方，我们将空心化。即使我们实现生产、服务过程智能化，需要的也是高级技师、专家、现代农民……因此，我们要争夺这个机会，就要大规模地培养人。

今天的孩子，就是二三十年后冲锋的博士、硕士、专家、技师、技工、现代农民……代表社会为人类做出贡献。因此，发展科技的唯一出路在教育，也只有教育。我们要更多地关心农村教师与孩子。让教师成为最光荣的职业，成为优秀青年的向往，用最优秀的人去培养更优秀的人。

在任正非看来，只有真正地理解“歪瓜裂枣”，允许黑天鹅在咖啡杯中飞起来，华为才有明天。任正非补充道：“允许异见，就是战略储备！我对自己的批判远比我自己的决定要多。”

话外之意就是：“你们一边自我批判去，不要老盯着别人的不足，更不要来逼我开掉余承东。”任正非的决策显然是正确的，后来的余承东最终成就了华为的终端业务。

可以肯定地说，如果没有任正非当初力排众议的支持和包容，除了余承东“下课”并被贴上“失败者”的标签，华为手机业务恐怕仍然是雾霾笼罩。

如今的华为手机，可谓斩获不小。2017 年 5 月，全球知名市场研究公司——GfK 集团发布了 2017 年 4 月中国智能手机零售监测报告。

根据该报告数据显示，2017 年 4 月中国智能手机销量达到 3552 万台。其中，华为的销量高达 808.3 万台，市场份额为 22.8%。OPPO、vivo 紧随其后分列二三位，市场份额分别为 16.5%、15.9%，曾经一度独霸中国市场的苹果和三星位居第四和第八，与前三强无缘。见表 6-1。

**表 6-1　中国智能手机零售前 10 名**

| 排名 | 企业名称 | 销量（千台） | 市场份额 | 增长率 |
|---|---|---|---|---|
| 1 | 华为 | 8083 | 22.8% | 1.8% |
| 2 | OPPO | 5871 | 16.5% | -0.6% |
| 3 | vivo | 5646 | 15.9% | -0.1% |
| 4 | 苹果 | 4127 | 11.6% | 0.6% |
| 5 | 小米 | 3967 | 11.2% | 1.0% |
| 6 | 魅族 | 1259 | 3.5% | -0.4% |
| 7 | 金立 | 1239 | 3.5% | 0.0% |
| 8 | 三星 | 833 | 2.3% | -0.3% |
| 9 | 乐视 | 487 | 1.4% | 0.2% |
| 10 | 联想 | 480 | 1.4% | -0.2% |

GfK 集团发布的报告数据显示，从市场份额来看，华为、OPPO、vivo 三大品牌以 55.2% 的市场份额，占据了中国智能手机一半以上的市场。

在这个榜单上，最为耀眼的自然属于华为，以 22.8% 的市场份额，成为唯一的十位数破“2”的手机品牌企业，以较大的优势获得中国手机市场销售冠军。

余承东在2015年新年致辞中信心满满地称：“2014年，华为消费者业务预计销售收入将超118亿美元，同比增长约30%，华为通过Mate 7、P7等系列机型成功打入中高端手机序列。”

可以肯定地说，华为消费者业务取得出色的业绩，离不开任正非的允许异见与管理灰度。在华为，类似的事情还有很多。

# “不拘一格地选拔使用一切优秀分子，不要问他从哪里来，不要问他有何种经历，只要他适合拓开市场”

在华为，不仅要宽容员工的缺点，还必须不拘一格使用人才。2016 年 1 月，任正非在华为内部市场工作大会上讲话时表示，华为要不拘一格使用人才，让胜利的旗帜高高飘扬。任正非说：

> 我们要对各级优秀干部循环赋能，要在责任结果的基础上，大力选拔干部，内生成长永远是我们主要的干部路线。我们要用开放的心胸引进各种优秀人才，要敢于在他们能发挥作用的方面使用他们。
>
> 我们要不拘一格地选拔使用一切优秀分子，不要问他从哪里来，不要问他有何种经历……我们对人才不要求全责备，求全责备人才就选不上来，“完人”也许做不出大贡献。除了道德遵从委员会可以一票否决干部外，对工作中的差错要宽容，不抢答的干部不一定是好干部。看风使舵，跟人、站队，容易产生机会主义。选拔各级干部要实行少数服从多数的表决制，向上级团队报告应是本团队的集体意见，应告知上级团队的每一个人。私下与上级团队沟通的内容，以纪要形式再向上、下两级团队沟通。对破格提拔的，推荐人要在两年内承担连带责任。即使被道德遵从委员会一票否决，但否决期只有 6 个月，6 个月后可以重新提

名，已改正，不再否决，就可以使用。不要随意否定一个冲锋的干部。我们一定要促使千军万马上战场。

在任正非看来，只有用开放的心胸引进各种优秀人才，才能发挥人才应有的作用。究其原因，对于任何一个公司来说，人才是决定其生存和发展的根基，缺乏人才的公司是走不了多远的。

在电视剧《亮剑》中，“独立团”团长李云龙就善于运用各种人才，这也是他总打胜仗的一个关键点。

对于一个组织来说，人才的来源无外乎三个途径：一是被吸引来的，二是内部筛选出来的，三是用重金挖过来的。

在用人时同样如此，作为“独立团”团长的李云龙深知人才的重要性，甚至不惜重金购买。从李云龙的用人就很清楚地看到这一点。如魏大勇，绰号“和尚”，河南登封人，1938 年入伍。在进入抗日之前，魏大勇在少林寺当过十年和尚，练得一身好武艺。

由于日军入侵，作为“和尚”的魏大勇不得不加入抗战队伍，后来加入国民党军第七十二师。“忻口会战”时，魏大勇负伤被日军俘虏。魏大勇从日军战俘营逃跑时，被“独立团”政委赵刚所救。

在“独立团”养伤期间，魏大勇得知八路军第三八六旅独立团团长是李云龙后，要求加入“独立团”。1939 年，“独立团”在冀北清风店伏击了日军尾田中队，双方比拼刺刀。魏大勇当时被 5 个日本鬼子围在中间，处境十分危险，但他面不改色，最终击毙日军。

该战斗结束后，魏大勇被李云龙从赵刚身边要来做了警卫，那一年，魏大勇刚满 18 岁。魏大勇从此誉满“独立团”。

在“独立团”，张大彪是一位武艺高强，在战场上不知疲倦、不怕牺牲、痛击日寇的敢死队队长，在嗜血的拼杀中表现良好。

孙德胜，第三八六旅“独立团”骑兵连连长。原为石友三部下。孙德胜 12 岁时父母双亡，在路边讨饭快要饿死时，石友三收留了他。

当石友三投降做了汉奸以后，孙德胜就投奔了八路军。孙德胜说：“孙德胜不是知恩不报的人，12 岁从军，征战沙场十几年，中原大战两次负伤，也算报答了石友三的救命之恩。”

在与李云龙和赵刚的对话中，孙德胜说道：“既然做了军人，就要做个不怕死的军人。国家有难，我们当兵的不上谁上？”

其实，孙德胜原本是新一团的一名步兵，李云龙看到孙德胜后，跟新一团团长丁伟商议，用 5 挺机关枪换了孙德胜。就这样，孙德胜成为李云龙手下的连长。

在李云龙与山崎大队作战中，没有马的骑兵连在孙德胜的带领下，最后一批从阵地冲锋，硬是比其他部队提前冲到了山崎大队面前，并说出“没有马的骑兵照样比步兵快”。

在 1942 年的日军大扫荡中，骑兵连被日军骑兵联队包围，在骑兵连即将全军覆没的情况下，断了胳膊的孙德胜孤身一人大喊着：“骑兵连，进攻。”他倒在了冲锋的路上，给观众留下了深刻印象。

可以说，李云龙带领部队，不管走到哪里，都不会忘记两件事：一是招兵买马；二是筹备武器装备（工具）。这就是李云龙敢于独自攻打平安县城的关键所在，因为李云龙拥有将近万人的部队。

为此，任正非在内部讲话中说道：“精英我们不要理解为仅仅是金字塔塔尖的一部分，而是存在于每个阶层、每个类别，有工作的地方就有精英。做面条有面条精英，还有焊接精英、咖啡精英、支付精英、签证精英、仓库精英……我们的政策要覆盖激励所有精英，形成组织合力，千军万马搞好质量、提高效率、增加效益。”

为了有效地激活人才，任正非的方法是：“我们要精减非主航道、非战略机会点项目的编制。要千军万马去抢夺战略机会。我们要的是胜利，不是过程。各主战场的部门，不要排斥其他项目调整进入的骨干，不要以他们的专业不合适为借口而拒绝。”

任正非告诫华为人：“颠覆往往都是外行干的，年轻人从事的工作往往与他所学的专业无关，颠覆旧中国的是两个医生。在一些战役的关键时刻，战略预备队也打光了，常常是卫生兵、炊事员、理发员、警卫员、通信兵等组成的杂牌部队投入进去，是赢得胜利的最后力量。各级主管要有全局观，让干部循环流动起来，你不放一些优秀干部走入主战场，让他们失去立功的机会，结果比他们更年轻的人升为将领，他们会真心拥护你吗？你辖区的新生力量没有了晋升机会，他们会拥护你吗？你以为扣住人你就会成功吗？君不知20多年来，华为走出去多少优秀青年，留下我们这些‘傻子’，他们不走，有我们这些‘傻瓜’的机会吗？他们把胜利的光荣让给了我们，我们不是受到家人表扬了吗？我们既然胸怀世界，就要敢于气吞山河，团结一切你不愿团结的人，反对过你而且又反对对了的人，也包括反对错了的人。”

在华为，作为任正非干将的余承东同样不拘一格广纳天下英才。余承东在“华为消费者业务2018年CEO新年致辞”中说：“不拘一格广纳天下英才，用最优秀的人才队伍构筑各领域核心能力，营造匹配消费者业务特点的‘开放、包容、平等、高效’的文化氛围。”

余承东坦言：“这几年我们的产品竞争力已得到明显提升，将来想要更上一个台阶，我们必须围绕零售、渠道、品牌、技术创新、生态、用户经营、云服务、人工智能、流程IT、精细运营等各领域持续构筑体系化能力。我们将继续高度重视、构筑智能终端安全与隐私保护方面的能力，做行业领先者。”

余承东认为，做行业领先者，就需要队伍建设，这是能力构筑的关键。余承东说：“我们要用世界上一切优势的资源、一切先进的工具、方法和一切优秀的人，成为领先者。在用人上，精兵战略是我们不变的方向，聚焦结果导向，干得好的给予快速提拔，不合适的人员坚决淘汰，用优秀的人吸引更多优秀的人，使队伍组织越来越精悍。带兵打仗的干部要有学习能力和开拓能力，对行业有深刻的理解洞察，把握好作战方向。在管理上，必须责任清晰，减少汇报层级，同时不断完善流程 IT 支撑体系，保障流程运作简洁、业务高效运营。在人才吸引上，我们强调人才工程是一把手工程，各级主管要开放胸怀，提升格局视野，充分认识到人才争夺的重要性和紧迫性，对组建优秀团队和构筑核心能力担责。面向关键领域，我们要在人才高地布局能力中心，重点引入顶尖人才，要让'业务明白人'去判断人才的专业价值。终端这几年的高速发展，也得益于公司各兄弟部门每年输送上千名管理者、专家至终端全球各个领域建功立业。英雄不问出处，我们再次诚挚欢迎大家来到这里，挑战全新赛道，实现自我价值的再次飞跃！"

对于新的一年，余承东在致辞中强调："我们将在华为共同价值观的基础上，进一步加强匹配 2C 业务特点的文化氛围建设。在'荣耀'单台提成激励变革牵引下，围绕'导向冲锋、多打粮食'进一步简化管理、简化考核，去除形式主义，使文化氛围更加简洁高效。尊重差异、开放包容的导向将更多地被提倡，要让有个性且实实在在做出贡献的人留得下来，让每位在这里工作的人感受到关怀与尊重，人尽其才。"

## “只要过了汶川救灾线，尿了裤子的也是英雄”

在华为，任正非经常强调，在用人问题上，不要对英雄过于求全责备，要接受有缺点的美。为此，任正非还分析了中国为什么出不了苹果创始人史蒂夫·乔布斯这样的企业家。

任正非说：“中国缺少创新、没有原创，主要原因是不尊重知识产权，没有严格的知识产权保护制度，加上社会文化没有包容精神，不鼓励试错，不包容有个性，尤其是一些有极端怪癖的人。如苹果的乔布斯、休斯飞机制造创始人休斯都是个性张扬、行事反叛的人，在中国现有文化背景下肯定难以冒出来，因为我们包容不了乔布斯，中国出不了乔布斯，这就导致谁也不愿进行原创，都热衷于抄袭。”

众所周知，史蒂夫·乔布斯早年就是一个名副其实的吸毒者，浑身充满着异味，甚至在成为“苹果教父”之后，依然经常不洗澡，个性乖张，行事反叛……尽管如此，以移民为核心的美国社会给了乔布斯最大的包容，乃至欣赏。

与美国文化不同的是，在中国文化与社会土壤中，很难去宽容、包容这样的问题人才，在企业管理中，这样的人才往往被边缘化，这就是中国难以产生史蒂夫·乔布斯这样伟大人物的一个原因。在美国文化中，尤其是硅谷文化中，其癫狂的程度令人难以想象，媒体同时追捧那些近乎疯子的狂想家，甚至一些美国媒体对一些异端人才的评价是：如果他成功，人类便成功。

2015 年 3 月，任正非在华为公司战略务虚会上发表讲话说："对英雄也要不求全责备，要接受有缺点的美。我曾在汶川抗震救灾的文件上批示：'只要过了汶川救灾线，尿了裤子的也是英雄。'一共 427 名，都发了金牌。有一点点成绩就是英雄，将来才有千军万马上战场。"

事实证明，世界上成千上万的伟大的科学家、艺术家、思想家、企业家……他们都有一些让主流社会难以理解的极端怪癖。如不洗澡，史蒂夫·乔布斯和休斯都不爱洗澡。在 20 世纪 60 年代，休斯被誉为美国的"世纪英雄"，是一位典型的、疯狂的冒险家，同时也是亿万富豪，患有极度严重的幽闭症，生活放浪不羁。

这样的问题同样困扰过任正非，面对这种类型的技术型人才，任正非选择了包容。在任正非的观点中，有一个观点叫作"灰度理论"，即反对"非黑即白"的用人观。任正非十分清楚，有文化洁癖的人，尤其是有道德洁癖的人是做不了企业领袖的，因此任正非多次告诫华为人说："我们不是培养和尚、牧师，我们是一支商业部队，华为要容得下各种异类人。"

在很多影视剧中，经常有一些百年老店管理者关心店员的特写，激发笔者对传统商业文化的探索。如电视剧《大宅门》中，其中一个场景就是白家的管理者——二奶奶告诫接班人白景琦要善待下人，甚至拿出二两银子给一个被白景琦罚跪的下人。

在《大宅门》中，这样的镜头非常多。正因为如此，大宅门中白家老字号才能数百年不倒。现实中的白家老字号就是中国著名的百年企业同仁堂。因此，要想留住骨干员工，必须时刻关心骨干员工的切身利益，否则骨干员工会因为不受重视而另投东家，企业会失去多年培养的骨干员工。

阿里巴巴创始人马云在公开场合说道："当大家都在强调顾客是上帝的时候，我却认为，员工第一，客户第二。没有他们，就没有这个网站。也只有他们开心了，我们的客户才会开心。而客户那些鼓励的言语、鼓励的话，又会让他们发疯一样去工作，这也使得我们的网站不断地发展。”

在楚汉战争中，刘邦打败了项羽，成为一代帝王。刘邦在立国后的一次庆功会上，曾向群臣解释：“夫运筹帷幄之中，决胜千里之外，吾不如子房（张良）；镇国家，抚百姓，给饷馈，不绝粮道，吾不如萧何；连百万之众，战必胜，攻必取，吾不如韩信。三者皆人杰，吾能用之，此吾所以取天下者也。项羽有一范增而不能用，此所以为吾擒也。”

历史学家指出，刘邦胜利的原因在于能识人用人，而项羽则不能识人用人。刘邦的说法传承日久，并经过历史的强化而成为他战胜项羽的最主要因素。在我看来，刘邦的胜利是团队的胜利。刘邦建立了一个人才各得其所、才能适得其用的团队；而项羽则仅靠匹夫之勇，没有建立起一个人才得其所用的团队，所以失败也是情理之中的事。

# 第7章 “少将连长”：提高一线人员的级别，逐渐筛选出优质资源直接服务客户

我们将试点“少将连长”，按员工面对项目的价值与难度，以及已产生的价值与贡献，合理配置管理团队及专家团队。传统金字塔的最底层，过去级别最低，他们恰恰是我们面对 CEO 团队、面对复杂项目、面对极端困难突破的着力点……过去的配置恰恰是最软点着力。

我们是要让具有“少将”能力的人去做“连长”。支持“少将连长”存在的基础，是你那儿必须有盈利。我不知道在座各位是否有人愿意做雷锋少将，我是不支持的，雷锋是一种精神，但不能作为一种机制。

——华为创始人　任正非

## 成为“少将连长”的两个途径

在任正非近年的不少讲话中，多次提到“少将连长”这个词。任正非认为，“少将连长”一方面就是给干部提供锻炼机会，同时也可以让基层员工凭借自己的业绩被提拔。

在华为，其独特的做法就是将高级干部放到最底层锻炼，因此提出“少将连长”这个词。任正非说道：“少将有两种：一是少将同志当了连长；二是连长配了个少将衔。”

任正非解释说，成为“少将连长”至少有两个途径。

第一，高级干部下到基层一线，当基层主管，带小团队冲锋陷阵，充当尖兵；或者如同重装旅，作为资源池，到一线协调指挥重大项目，建立高层客户关系，建设商业生态环境，充分发挥老干部的优势。

第二，“连长配了个少将衔”，即提高一线人员的级别，一线基层主管、骨干因为优秀而被破格提拔，职级、待遇等达到了很高的水准，这样，就会引导优秀人才到一线，长期奋斗在一线，逐渐筛选出优质资源直接服务客户，从而创造更大的价值。

任正非说：“我们用了25年时间，在西方顾问的帮助下，经数千人力资源的职业经理与各级干部、专家的努力，我们基本建立了如胡厚崑所描述的金字塔式的人力资源模型，并推动公司成功地达到400亿美元的销售规模。

建立金字塔模型的数千优秀干部、专家是伟大的，应授予他们‘人力资源英雄’的荣誉，没有他们的努力与成功，就不可能进行今天的金字塔改造。金字塔管理是适应过去机械化战争的，那时的火力配置射程较近，以及信息联络落后，所以必须千军万马上战场，贴身厮杀。塔顶的将军一挥手，塔底的坦克手将数千辆坦克开入战场，数万士兵冲锋去贴身厮杀，才能形成足够的火力。”

相比传统战争，现代战争对一线指战员的素养提出了更高的要求。任正非解释说：“现代战争，远程火力配置强大，是通过卫星、宽带、大数据与导弹群组、飞机群、航母集群……来实现。战争是发生在电磁波中，呼唤这些炮火的不一定是塔顶的将军，而是贴近前线的铁三角。千里之外的炮火支援，胜过千军万马的贴身厮杀。”

任正非将这样的战争模式引入华为的经营体系中，他说：“我们公司现在的铁三角，就是通过公司的平台，及时准确、有效地完成了一系列调节，调动了力量。今天我们的销售、交付、服务、财务，不都是这样远程支援的吗？前线铁三角，从概算、投标、交付、财务……不是孤立一人在作战，而是后方数百人在网络平台上给予支持。这就是胡厚崑所说的‘班长的战争’。”

任正非对此极为重视。任正非认为，“铁三角的领导，不光是有攻山头的勇气，还应胸怀全局、胸有战略”。正因为如此，任正非才有“少将连长”的提法。

任正非解释道：“为什么不叫少校？这只是一种形容词，故意夸大，让大家更注意这个问题，并不是真正的少将。谁能给你授少将军衔？除非你自己去买颗纽扣缝到衣领上，缝一颗算少将，缝两颗就是中将了。”

# 敢于破格使用人才

在华为的人才选拔中，往往会出现破格提拔的现象。为此，任正非解释道："人的工作生命其实很短，这讲的是生理生命。由于技术的飞跃发展，不是人人到老都能不断追日（追上时代步伐），知识生命更短。我们自己一定要在最佳时间、最佳角色，做出最佳贡献。组织也一定要在他冲锋时，多给他一包方便面。我们今年（2017）将要破格提拔4000~5000名优秀员工，是否可以按去年的组织绩效结果，把指标分到各个团队？我们一定要培养一批勇于担责、善于担责的优秀领头雁。人才也要贯彻日落法，飞不动了，可以排到雁行的后面，顺风省力一些。领头雁需要很勇敢。"

任正非之所以破格提拔四五千名优秀员工，是因为"我们要相信绝大多数员工是英雄。这是一个英雄辈出的时代，华为的英雄会越来越多"。任正非说："'天将降大任于是人也，必先苦其心志，劳其筋骨，饿其体肤，空乏其身，行拂乱其所为。'每一个英雄都要有奋斗精神，也要有奋斗技能，所以我们对英雄没有一定的模式和要求，更多的是鼓励。我们要形成一支英勇无畏、头脑清醒、方向清晰的奋斗队伍。在集体主义中的个人主义是允许的，因为每个人都有差异，每个人都有自己的思想。但是个人主义是为了这个集体，使我们的队伍五彩缤纷，在竞争中团结，在团结中竞争。华为公司就是典型的个人主义，我们的个人主义就是要创造价值，为国家做出贡献，至少给中国政府缴了3000亿的税。我们的集体主义就是国家主义。”

在华为，任正非认为每一位员工都是英雄。他的理由是：“在山脚下一拍他肩膀，他扛着炸药包就冲锋了，怎么不是英雄呢？遍地英雄下夕烟，六亿神州尽舜尧。”

在内部讲话中，任正非说：

> 我们要提高作战队伍的能力，“少将连长”首先必须是“少将”，他们必须具有管理确定性的能力，以及对不确定性事情有清晰的视野与方向感。连队也必须具有师一级的火力。机关的主官，必须有成功的实践经验，而且必须不断循环上战场，为何不可以再有“中将班长”呢？“少将”上前线，不仅自己贴身现实，而且对年轻苗子有感染力，是非常有力的“传帮带”。
>
> 我们要坚持每年从应届生中招收5000~6000人的新生力量，不让我们的作战梯队有断代的问题。“蓬生麻中，不扶自直”，“八〇后”“九〇后”是有希望的一代，“蚊子龙卷风”“牵手”“被绑匪树立的‘楷模’”……不是一代将星在闪烁吗？
>
> 我们年轻人不仅仅要有血性，也要容许一部分人温情脉脉，工作慢条斯理，执着认真，做好“狈”的工作，“一切为了胜利”是我们共同的心愿。这就是“狼狈”合作的最佳进攻组织。

在破格提拔人才方面，任正非还强调了领导者的责任。任正非认为，“凡是工作得好的，都是分权合理的部门，事无巨细、眉毛胡子一把抓的人就不适合作为主官”。他补充说：

> 一切作战主官，关注的是胜利，要把确定性的事权分给职能部门。

一切平台主官，眼睛应是盯着前线，驱使自己的部门及时、准确地提供服务与支持，你们的考核是你们服务事项的结果，前方打了败仗，你也是败将。我们要善于在成功中找到失误，在失败中找到原因。古人尚有退思堂，我们自己难道就不能总结反思一下吗？失败中也有英雄，主官的失误不要掩埋将士的努力，他们中也有可歌可泣的。

我们各级主官的目标与责任要清晰。以责任结果为导向的考核机制，导致内部机制简单，风气正派，脑袋对着客户的勇士更多。以责任结果为导向，必然是优秀干部辈出，迎合作风消失。

我们要重视基层干部意志力、毅力的培养，他们努力奋斗，一时成绩不佳，要帮助、辅导；中层干部要重视他们的组织能力与协调能力，要学会激活整个组织，充分利用平台，学习别人的经验；高级干部要培养他们的方向感与节奏控制。方向是什么？方向就是面对目标的位置。节奏是什么？审时度势，因势利导，就是灰度。

对此任正非坦言：“我们对英雄要有正向肯定，过去我们360度考核，可能总在挑英雄的缺点，不是挑优点，考核方式需要改变。我们各级干部对人要多鼓励，不要指责过多，当大多数人沉默的时候就麻烦了。人的见识比知识更重要，我们还是强调以贡献为中心，不是因为学习成绩好就被提拔、涨薪。”

基于此，摆在华为面前的问题是：如何能够培养一批优秀干部，在历史的关键时刻站到第一线去？任何一个企业迟早都要面临接班问题，华为也是如此。为此，任正非说：“华为最伟大的一点是建立了无生命的管理体系，技术会随着时代发展被淘汰，但是管理体系不会。华为活下来，才能使管理体系生存下去，这是宝贵财富。如何让优秀干部成长起来，能够承担责任和创造价值？我们要向很多人学习。”

## 试点“少将连长”，合理配置管理团队及专家团队

任正非认为，试点“少将连长”主要还是为了储备高级别专家人才队伍。任正非解释说：

> 我们将试点“少将连长”，按员工面对项目的价值与难度，以及已产生的价值与贡献，合理配置管理团队及专家团队。传统金字塔的最底层，过去级别最低，他们恰恰是我们面对CEO团队、面对复杂项目、面对极端困难突破的着力点……过去的配置恰恰是最软点着力。
>
> 我们是要让具有“少将”能力的人去做“连长”。支持“少将连长”存在的基础，是你那儿必须有盈利。我不知道在座各位是否有人愿意做雷锋少将，我是不支持的，雷锋是一种精神，但不能作为一种机制。我们要从有效益，能培养高级别专家、干部的代表处开始改革，“优质资源向优质客户倾斜”。只有从优质客户那里赚到更多的钱，才能提高优质队伍的级别配置，否则哪来的钱呢？

为此，华为决定2017年破格提拔“4000+人”，让优秀人员快速成长。在这个过程中，以责任结果考核干部的政策保持不变。

对于这样的做法，任正非强调：“我们一定要加强中、高级干部和专家

的实践循环，在循环中扩大视野、增加见识、提高能力。这就是熵减。万物生长是熵减，战略预备队循环流动是熵减，干部增加实践知识是熵减，破格提拔干部也是熵减，合理的年龄退休还是熵减……我们不能让惰怠在公司生长。一周只有40小时用于工作，是产生不了科学家、艺术家的。公司有些年轻人踏踏实实做事，成长很快，你们要去研究一下。”

任正非一直认为，中、初级员工可以温暖幸福、快乐平凡，因为他们是被指挥者，除非他们胸有抱负，或者被末位淘汰。任正非说：“平凡是什么意思？就是相对而言收入不高，但是也够花，因为根据不同责任、不同贡献有不同待遇。但中、高级干部，专家和有追求的中、初级员工，应该勇于到洪流中去，向一切有经验的人学习，当然也可以向市场人员学习，他们在有战争的国家、艰苦的地区，不也是远离家人吗？既然胸怀大志，就要有相应的付出。我们要增加专家和专业人员的数量配置，公司运行规范化后，主官的数量减少，专家及专业人士增加。我们的事业越来越复杂，主官不可能像小公司一样事事都明白，主官对不确定性的决策来源于专家及职员大量的贡献。”

基于此，作为国内研究所的管理团队，就必须是国际化水平、全球化视野的，不能出现本地化团队。任正非说：“否则成为‘中国风’，慢慢就沉淀下来了，然后只有两种可能：一种是逼迫大规模换血、淘汰；另一种则是逐步在此基础上改良，让干部、专家走向战场。上战场去，让生命的火花放射光芒。只有循环流动起来，才能熵减。因此，干部和专家的流动一定要制度化，常务董事会已经形成了关于干部流动原则的决议，要形成细则，逐步落实。要具有全球化水平，而不是孤芳自赏。通过流动拓宽视野、丰富经验、完善技能，才能胜任管理规模庞大、高度复杂的业务。”

正是在实践中，方显华为一直倡导的奋斗文化，同时也通过流动保持组织的活力，有效地增加了华为的竞争优势。

20 世纪 80 年代，改革开放激活了中国通信市场需求的潜力，不断增长的通信市场，巨大的蛋糕吸引了中外通信企业，仅中国就诞生了 400 多家。

激烈的竞争无疑是烽火骤起、狼烟遍地。早期的华为，代理香港一家交换机设备，深知其技术的重要性。当其他对手满足于通过代理这种方式获得丰厚的利润时，任正非果断转型，带领初创不久的华为公司转向交换机的自主研发。

当我们翻阅华为的初创史时，C&C08 都是绕不过去的案例。事实上，C&C08 的成功研制，奠定了华为后来数年的基础。1993 年，C&C08 交换机首次推向市场，迅速成为华为在电信领域的一面旗帜。华为能够取得这样的业绩，与任正非的决断和知人善任分不开。

公开资料显示，在华为的早期发展阶段，郑宝用和李一男是任正非较为器重的两个人才。他们两个加盟华为时，郑宝用是清华的在读博士，而李一男是华中理工大学（即现华中科技大学）的研二学生。

尽管如此，任正非还是给予郑宝用和李一男足够的信任，正如华为人所言，“不拘一格降人才”。

在这里，我们介绍一下郑宝用的工号就不难了解。在华为，任正非的工号是 0001，而郑宝用经过多年的努力，其华为工号为 0002。

李一男加盟华为后，两天即被提拔为工程师，两周后升为高级工程师。经过半年多的考核，李一男由于工作表现出色，被任命为华为最核心的中央研发部副总经理。

两年后，因为在 C&C08 机等项目上做出了突出的贡献，李一男被任命为华为中央研发部总裁、公司总工程师。那一年，李一男才 25 岁。

后来，尽管李一男这位技术天才与华为和任正非之间发生了诸多故事和牵绊，但回忆起当年，李一男不无感叹地说："在华为有的是信任、挑战、机遇和分享胜利的喜悦。"这正是任正非给这家公司灌输的一种价值观——胜则举杯相庆，败则拼死相救。

# 第8章 “两块大洋”：绩效好、表现突出的员工，都应获得良好、及时的回报

人力资源工作的阶段性汇报和结构性思想，后续可以定期讨论，下次也要把财务叫过来。财务要告诉我们，利润率到底预测准确没有。只有坚持账实相符，只有实事求是地反映情况，公司才能制定出正确的应对措施。你们要找出一个方法，把公司内部的变化、社会的变化、前进的变化结合起来，跑到最前面的人，就要给他“两块大洋”。

——华为创始人　任正非

# “跑在最前面的人，就要给他两块大洋”

华为之所以能够取得如此优异的业绩，是因为华为科学地设计奖励机制。任正非在2014年人力资源工作汇报会上的讲话中形象地说：“跑到最前面的人，就要给他两块大洋。”

任正非这个形象的“两块大洋”，源于诸多中国电影，每当国民党军队冲锋时，长官经常大声喊叫：“兄弟们，冲上去给两块大洋。”

此刻，当兵的立刻就跟打了兴奋剂一样斗志昂扬。如果喊给三块大洋，那是连命都不要了。基于此，任正非说奖励跑在最前面的人，就要给他两块大洋，其内涵是，但凡华为公司里绩效好、表现突出的员工，都应获得良好、及时的回报，这里的回报指的是物质奖励和非物质激励。

任正非在内部讲话中分四个部分介绍了华为的激励制度，具体内容如下。

（1）社会保障机制是基础，上面的“获取分享制”是一个个发动机，合理规划劳动所得和资本所得，导向冲锋，公司就一定会持续发展。

我提出四个假设。第一个假设：流程组织优化，在5年内是否会逐渐有进步？进步的标志就是人员减少，工作效率提高，利润增加。第二个假设：针尖战略是否将增加我们定价和议价的能力？第三个假设：3~5年内，有的竞争对手在衰退，我们的商业生态环境是否在改变？第四个假设：现在人力资源改革产生的动力，特别是分享机制形成以后，会不会提高生产力？

如果这四个假设成立，意味着利润会增加，我们可分配的薪酬包也就增加了。股东、劳动者收益分配要有合理比例。未来为华为创造价值，要承认资本的力量，但更主要是靠劳动者的力量，特别在互联网时代，年轻人的作战能力提升很迅速。有了合理的资本／劳动分配比例、劳动者创造新价值这几点，那么分钱的方法就出来了，要敢于涨工资。这样人力资源改革的胆子就大一些，底气就足一些。

所有细胞都被激活，这个人就不会衰落。拿什么激活？血液就是薪酬制度。社会保障机制是基础，上面的获取分享制是一个个发动机，两者确保以后，公司一定会持续发展。“先有鸡，后有蛋”这就是我们的假设。因为我们对未来有信心，所以我们敢于先给予，再让他去创造价值。只要我们的激励是导向冲锋，将来一定会越来越厉害。

（2）逐步实施岗位职级循环晋升，激发各单位争当先进。

第一，我们实际已有的薪酬标准就不要改变了，动的是个人职级。第二，以岗定级不能僵化。以后有少部分优秀人员，没岗位但允许有个人职级，要看重这些人有使命感、创造力。如果脱岗定级的问题现在找不到合适的方法来操作，就把优秀人员的岗位职级先调整了，然后他自己再去人岗匹配，程序还是不变，这个机制可以叫作“岗位职级循环晋升”。如原来20级的组织，其中做得优秀的那30%可以转到21级，每三年转一圈，做得好的才动。每年拿30%优秀部门来评价，如果下一年这个岗位还在先进名单里，就更先进了，还要涨。落后的没涨，就会去争先进，争先进的最后结果，我们把钞票发出去了，而且主要发给优秀单位。实行全球P50标准工资的人员范围应该还要向下覆盖。若当公司出现危机时，不是一两百人就能够救公司的。具体如何操作法，扩大到多大规模，我不知道。

（3）差异化管理各类人员薪酬，激发员工的活力。

特殊专业人群可以采用特殊方式的用工和激励方式，如厨师可以按提成制，多劳多得，抢着出单，才能促进服务质量的提高；法务、翻译等人群，可保留和激励自己的骨干作战队伍，也可以临时用社会上的资源，比如同声翻译，短期雇用一次，表面上看起来会花不少钱，实际使用起来的总成本还是降低了；文字翻译，只要能及时交付翻译稿件，也可以家里上班。建立这样的社会平台组织，我们自己的组织就缩小了。

在海外薪酬福利管理要简单化，逐步走向像西方的市场化管理。已经实行全球 P50 高工资的人很多补贴要取消，要建立一个制约措施，不能让大家比赛浪费，过多的补贴不一定让战斗力增强，可能还是惰怠的，不是激励性的。若大家不愿意去利比亚、伊拉克等地区，可以提高特有的激励待遇体系，这是激励措施不是补贴……

（4）非物质激励就是要把英雄的盘子画大，敢于表彰，重视员工的长期自我激励。

第一，非物质激励就是要把英雄的盘子画大。毛泽东说“遍地英雄下夕烟”，现在我们要把英雄先进比例保持 60%~70%，剩下 30%~40%，每年淘汰走掉一部分。这样逼着大家前进。第二，敢于花点钱做一些典礼，发奖典礼上的精神激励，一定会有人记住的，这就是对他长期的自我激励。美军海军学院的毕业典礼很独特，在方尖塔上涂满猪油，让大家爬这个塔，大家一层层地攻，欢庆这个典礼。华为大学也要构思一个华为自己的典礼形式，不要总是扔帽子。

正是多种激励方式，才打造了充满狼性的华为员工。事实证明，在当下的企业较量中，由于竞争较为激烈，只有士气高昂的企业才能够赢得胜利，正所谓“两军相遇勇者胜”，“勇”者，胆识、士气也。在这样的势态下，士气低落的企业是无法赢得胜利的。

著名管理顾问尼尔森为此提出：“未来企业经营的重要趋势之一，是企业经营管理者不再像过去那样扮演权威角色，而是要设法以更有效的方法激发员工士气，间接引爆员工潜力，创造企业最高效益。”

在尼尔森看来，以激发员工士气为目的的激励，就必须需要全新的激励理念，而不是传统的物质激励。通常，心理学原理把企业员工的需求分为两大类，即物质需求和精神需求。物质需求是人类生存的起码条件和基础，而精神需求则是人类所特有的一种精神现象。见图 8-1。

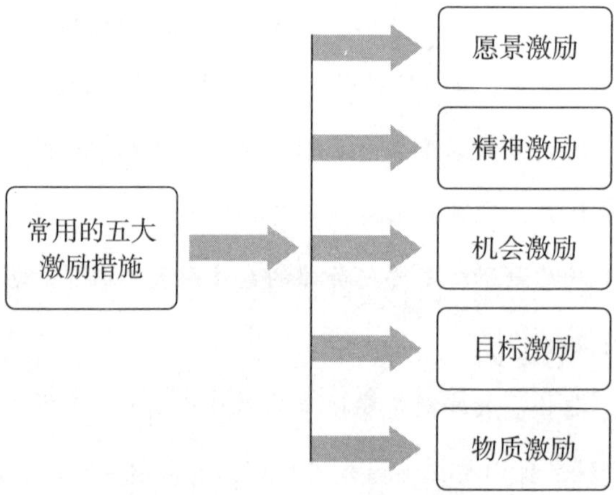


**图 8-1　常用的五大激励措施**

从图 8-1 可以看出，在员工激励中，物质激励只是其中的一个，要想把激励效果最大化，就必须结合其他几个。

# 马斯洛激励理论背后的“从零起飞奖”

在“两块大洋理论”中，就包括物质和非物质激励。在这里，我们要搞清楚什么是物质激励。所谓物质激励，是指企业管理者通过物质手段满足员工的物质需求，从而进一步调动企业员工的积极性、主动性和创造性。

在物质激励中，一般包括资金、奖品等。当然企业管理者通过满足员工的物质需求，其目的是激发员工努力工作的动机。

马斯洛的激励理论显示，处在底层生理需求和安全需求的员工就需要企业管理者对其进行物质激励。见图 8-2。

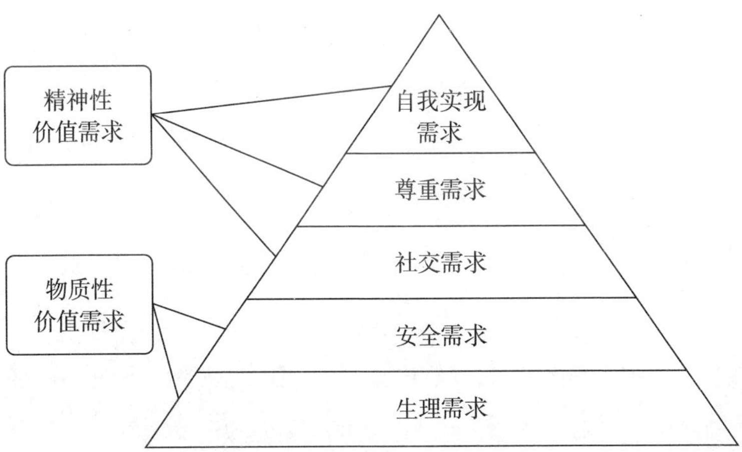


**图 8-2　马斯洛激励理论的金字塔结构**

根据马斯洛理论，在华为，其激励机制主要体现在，适应业务与管理变化，有针对性地管理各类人才，有效地激活各级队伍。

在内部讲话中，任正非解释道："要将高层干部'洞察客户、洞察市场、洞察技术、洞察国际商业生态环境'的发展要求改为'洞察市场、洞察技术、洞察客户、洞察国际商业生态环境'。我们要从客户需求导向转变为社会结构导向了，整个行业转变，客户也有可能会落后于我们对社会的认识，要超越客户前进。"

任正非认为，在绩效文化的华为，谁贡献多谁就多拿钱。这样的薪酬体系确保华为稳健地向前发展。不仅如此，华为重视各种精神奖励，有效设计各种奖项鼓励员工，比如"从零起飞奖"。

在2013年市场大会"优秀小国表彰会"上，任正非给徐文伟、张平安、陈军、余承东、万飚颁发了一项特殊的表彰——"从零起飞奖"。

所谓"从零起飞奖"，就是这些获奖的人员2012年年终奖金为"零"。2013年1月14日，华为召开了2013年市场大会。在"优秀小国表彰会"上，华为一如既往地对取得优秀经营成果的小国办事处进行隆重表彰。共有11个小国办事处因此获得二等奖，9个小国办事处获得一等奖，两个小国办事处获得特等奖，同时还分别颁发了奖盘、奖牌和高额奖金。

与以往不同的是，此次表彰会设立了一项特殊的表彰——"从零起飞奖"。颁发"从零起飞奖"的用意是：在过去的一年里，有一些团队虽然经历奋勇拼搏，取得重大突破，但是其结果并不如人意。在这样的背景下，没有取得理想业绩的团队负责人践行当初"不达底线目标，团队负责人零奖金"的承诺。

其后，主持人李杰宣布，"从零起飞奖"获奖人员为：徐文伟、张平安、陈军、余承东、万飚。获奖人员2012年年终奖金为"零"。

实际上，在过去的一年里，华为终端公司取得了较大的进步，企业业务BG也在重大项目上屡屡突破。在此次"授勋"大会上，这些领导者自愿放弃奖金，意味着他们将来有更大的起飞。

据了解，华为 2012 年销售收入仅差 2 亿多美元没有完成任务。按制度规定，此次轮值 CEO 郭平、胡厚崑、徐直军，CFO 孟晚舟，还有片联总裁李杰，包括任正非和孙亚芳，都没有年度奖金，即 2012 年年终奖金为“零”。

任正非在为他们颁发“从零起飞奖”后，发表讲话：“我很兴奋给他们颁发了‘从零起飞奖’，因为他们 5 个人都是在做出重大贡献后自愿放弃年终奖的，他们的这种行为就是英雄。他们的英雄行为和我们刚才获奖的那些人，再加上公司全体员工的努力，我们除了胜利，还有什么路可走？未来人力资源政策的改进还会更加激励我们。我们在讲热力学第二定律的时候，就是反复说要拉开差距，现在人力资源政策刚刚拉开差距，以后人力资源政策还会有进一步改进，会让优秀员工得到更多的鼓励。”

据了解，给徐文伟、张平安、陈军、余承东、万飚颁发“从零起飞奖”的主要原因是消费者 BG 和企业业务 BG 两位 CEO 因为没有达到年初的个人承诺，余承东等人主动放弃了高额奖金。同时，华为此措施只针对核心管理层，员工不包括在内。相反，员工有着高达 125 亿元的总奖金，比 2011 年增长了 38%。

2012 年，时值中国首架舰载战斗机歼 -15 在辽宁号上首次起飞成功，拥有军旅经历的任正非，就选用了歼 -15 战斗机模型作为“从零起飞奖”的奖品。

其后，很多媒体解读称，可能是由于任正非也是军人出身，看到歼 -15 飞鲨舰载机成功起飞与项目总指挥罗阳操劳牺牲后深有感触。

这样的观点源于余承东在得奖后发表在其个人微博上的“感言”：“华为也是这样，玩儿命战斗，敢于挑战。”

当时，余承东负责华为终端，但是销售并不理想。余承东发微博说：“从零起飞，新的征程。我所获得的年度零奖金——起飞奖的奖品，中国第一代

舰载机歼 -15 战斗机正从我国第一艘航母辽宁号甲板上起飞的模型，意义深远，值得珍藏！”见图 8-3。

的确，歼 -15 战斗机的成功给余承东带来希望，也是他当时的心境：“我的痛苦来自反对声，很多异议，很多噪音，压力非常大……华为手机这几年其实不是战胜任何一个友商，而是一个战胜自己的过程。”

**图 8-3 余承东关于“从零起飞奖”的微博内容**

# 维克托·弗鲁姆的动机作用模式

不管是“跑在最前面的人，就要给他两块大洋”，还是“从零起飞奖”，在任正非看来，要想做出正确的激励决策，作为企业管理者，必须搞清楚自己给予的是否真的是员工想要的，即搞清楚需要被激励员工的期望。

所谓“员工期望”，是指员工通过对自身掌握的信息和从外部获得的信息进行综合分析、评估，在内心中所形成的对企业提供给自己的包括工作、薪酬、福利等的一种基本要求，并据此对企业的行为形成的一种期望。基于此，北美著名心理学家和行为科学家维克托·弗鲁姆（Victor H.Vroom）深入研究后总结出期望理论。

所谓“期望理论”，又称作“效价—手段—期望理论”，是管理心理学与行为科学的一种理论。该理论的最早提出者是维克托·弗鲁姆。1964 年，维克托·弗鲁姆在《工作与激励》一书中把期望理论作为激励理论的一部分，其基本内容主要是维克托·弗鲁姆的期望公式和期望模式。

在维克托·弗鲁姆看来，激励取决于行动结果的价值评价（即“效价”，valence）和其对应的期望值（expectancy）的乘积。公式表示为：激动力量 = 期望值 × 效价。

在该公式中，“激动力量”具体是指调动员工积极性，激发其内部潜力的强度；“期望值”是根据个人的经验判断达到目标的把握程度；“效价”则是所能达到的目标对满足个人需要的价值。

当企业管理者了解员工的期望之后，就必须有针对性地进行员工期望管理。所谓“员工期望管理”，是指企业经营者对员工的期望进行有效管理，对员工期望不合理的部分予以引导说明和沟通，最大限度地满足合理的员工期望，同时引导员工建立正确有效的期望，最终提升员工的满意度。见图 8-4。

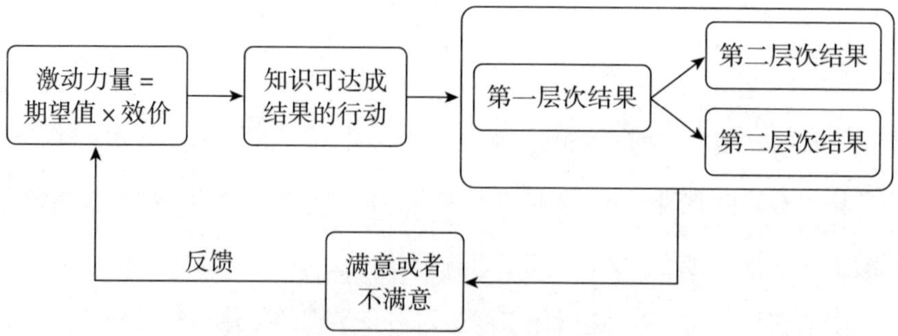


**图 8-4　维克托 · 弗鲁姆的动机作用模式**

从图 8-4 可以看出，员工的积极性被调动的大小取决于期望值与效价的乘积。即员工对目标的把握越大，达到目标的概率就越高，激发起的动力也就越强烈，其积极性也就越大。在实际的激励管理过程中，企业管理者采用期望理论来调动员工的工作积极性无疑是有积极意义的。见图 8-5。

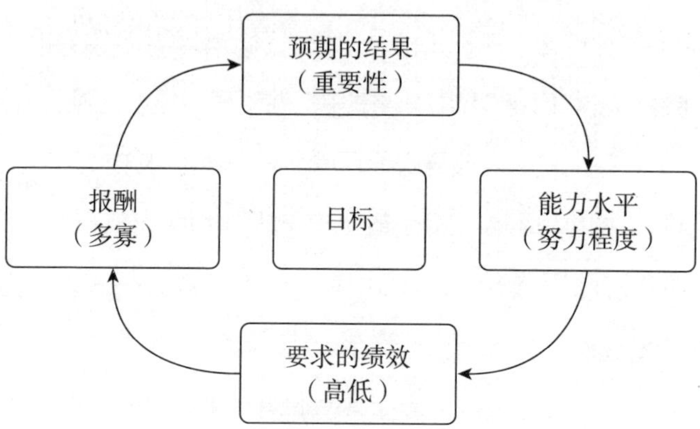


**图 8-5　维克托 · 弗鲁姆期望理论**

当然，要想达到这样的激励效果，必须搞清楚期望理论的核心，即：（1）工作能提供给他们真正需要的东西；（2）他们欲求的东西是和绩效联系在一起的；（3）只要努力工作就能提高他们的绩效。

# 第9章 “之”字形成长：从有成功实践经验的人中选拔优秀专家及干部

过去我们的干部都是直线形成长，对于横向的业务什么都不明白，所以，现在我们要加快干部的“之”字形发展。

——华为创始人　任正非

# “优秀种子回炉以后，可以往上校上将上走”

为了能够选拔和打造更多的将军，华为非常重视干部的成长过程，让其经历挫折和苦难。在这个过程中，华为的策略是“之”字形成长。

在任正非看来，干部不能仅仅是提拔，必须经历多个岗位的锻炼成长。这就是任正非的“之”字形人才理论。从“之”字的象形来分析，由于是折线式的，无疑会让人联想到员工的个人成长。

当一个员工在研发、财经、人力资源等部门做过管理，同时又在市场一线、代表处做过项目，这样较为丰富的工作经历，无疑会帮助他有效地解决华为遇到的问题。

当遇到问题时，该干部就会更多地从全局考量，能端到端、全流程地考虑解决问题。如果该干部一直在某个体系里直上直下，从一条线上成长起来，那么该干部解决问题的思维难免存在局限。

当遇到问题后，没有经过“之”字形锻炼的干部很容易出现本位主义思想，其思考的解决问题的办法也很可能片面。基于此，华为一直鼓励干部合理流动，形成一个有力的作战群。对此，任正非指出：“干部和人才不流动就会出现板结，会让机关和现场脱节，如果形成阶级，华为迟早会分裂。”

任正非补充道：“华为一直强调干部和人才的流动，并要求片联不拘一格地从有成功实践经验的人中选拔优秀专家及干部；推动优秀的、有视野的、意志坚强的、品格好的干部走向‘之’字形成长的道路，培养大量的将帅团队。”

在“之”字形人才理论实践过程中，作为人力资源部和片联，负责选拔优秀的管理型人才，然后进行循环轮换。在此阶段，同时也要加入组织层面的赋能培训任务，主要由华为大学担负。

任正非曾在内部讲话中说：“证明是不是好种子，要看实践，实践好了再给他机会，循环做大项目，将来再担负更大的重任，10 年下来就是将军了。人力资源管理部和‘华大’要加强对种子的管理，种子到各地去干几年以后，不要沉淀下来了，把他忘记了，优秀种子回炉以后，可以往上校上将上走。”

既然如此，华为将拥有管理潜力的人才通过基层实践选拔出来，其后让其进入培训与实战相结合阶段。在此阶段，华为会提供跨部门、跨区域的岗位轮换和相应的赋能培训。

为此，任正非说：“自古以来，英雄都是班长以下的战士。那么英雄将来的出路是什么呢？要善于学习，扩大视野，提升自己的能力。”

# 循环轮换：加快干部的“之”字形发展

在“训战结合”中，尤其是对于“战”的部分，华为采用的是美国航空母舰舰长的培养机制，非常关注干部的“之”字形成长路径。

一般来说，直线成长起来的干部，往往缺少担负全面发展和协调性强的事务实践历练的经历，可能在担负干部时无法胜任。

任正非解释道：“过去我们的干部都是直线形成长，对于横向的业务什么都不明白，所以，现在我们要加快干部的‘之’字形发展。”

在任正非看来，“之”字成长意味着岗位循环与轮换。在《华为基本法》中有相关的规定：“没有周边工作经验的人，不能担任部门主管。没有基层工作经验的人，不能担任科以上干部。”

为此，各部门将负责帮助新流动进来的人员尽快地融入和成长。在循环流动中，当人员到了新部门，也需要通过自身的学习，努力适应新环境和新工作。

任正非认为，干部的循环流动是根据华为的业务需要，不是为了流动而流动。在“训战结合阶段”中，“训”的部分主要由华为大学承担。华为大学通过短训赋能输出“能担当并愿意担当的人才”。

从这个角度来讲，华为大学教育学院是基于“管事”和“管人”两个角度专门开发了相关培训项目——后备干部项目管理与经营短训项目（简称“青训班”）和一线管理者培训项目（First-Line Manager Leadership Program，简称“FLMP”）。

（1）管事：项目管理——青训班

在华为，项目管理作为其管理的基本细胞，被华为视为最重要的一种管理。对此，任正非说：“美军从士兵升到将军有一个资格条件，要曾做过班长。将来华为干部资格要求一定要是成功的项目经理，有成功的项目实践经验……项目管理做不好的干部，去管理代表处和地区部就是‘昏君’。”

基于此，华为通过项目管理为主线培养后备干部。在后备干部项目管理与经营短训项目中，其目的是以拉通端到端项目管理和经营为主要培训目标，其人群主要是将来成为一线干部的后备人才。

这样的培训，为华为以项目为中心的科学管理奠定了坚实的基础。后备干部项目管理与经营短训项目，不仅仅包括课程讲授，还包括自学、课堂、实战等环节的系统赋能项目。见表9-1。[①]

**表9-1 华为大学“青训班”项目**

| 赋能环节 | 概 述 |
|---|---|
| 网课自学 | 学员通过自学初步掌控项目管理的基本环节和理论知识点 |
| 课堂演练 | 5天实践，模拟组建项目管理团队，采用一线真实案例进行模拟训练，辅以讲师点评，以达到“训练完就能上前线打仗”的效果 |
| 项目实践 | 走上战场，“脱岗”到一线交付项目中实践两个月，承担项目管理过程中的一个关键角色，并尽量安排学员跨岗实践 |
| 结业答辩 | 学员参与答辩评估，结业成绩由人力资源部门备案，为其日后岗位晋升提供参考 |

（2）管人：从骨干到管理者的转身——FLMP

在华为，致力于未来成为“将军”的新员工举不胜举，但是仅靠业务的

① 葛明磊，张译丹．“将军”是如何产生的？——华为公司管理者培养的案例研究［J］．中国人力资源开发，2015（11）．

项目管理赋能一项培训显然是不够的。

原因是，作为一名合格的基层管理者，“管事”和“管人”是一个都不能少的。随着华为业务的发展，为了让新任干部尽快完成“上岗”并帮助他们持续提升管理能力，华为大学教育学院推出了专门为基层管理者设计的FLMP 项目。

据了解，设立 FLMP 项目的初衷，是为了帮助学员完成从骨干（个人贡献者）尽快地适应管理者的角色，同时“点燃每个基层管理者的内心之火”。

众所周知，作为基层管理者的“班长”，起到承上启下的作用，其责任十分重大。正如 FLMP 项目负责人在 2014 年华为大学项目荣誉奖评选宣讲会上所说：“点燃这 1.5 万基层管理者的内心之火，就意味着通过他们可点燃所有一线员工的内心之火。”

与“青训班”相同的是，FLMP 不仅仅包括课程讲授，也涵盖学习研讨、在岗实践、述职答辩与综合验收。具体见表 9–2 。[①]

**表 9–2　华为大学 FLMP 项目**

| 赋能环节 | 概　　述 |
|---|---|
| 自学与考试 | 学员通过自学初步了解管理理论及相关知识点 |
| 课堂教学 | 基于公司对基层管理者的要求，培训课程包括基层管理者角色认知、团队管理、绩效管理、有效激励和公司人力资源管理政策，转换学员思想，为学员植入管理意识和观念 |
| 实践检验 | 任岗实践 5~6 个月，通过具体实践固化行为 |
| 述职答辩 | 思想和业务双重过硬的“班长”可通过考核答辩，成绩作为新任干部未来晋升的依据 |

① 葛明磊，张译丹．“将军”是如何产生的？——华为公司管理者培养的案例研究［J］．中国人力资源开发，2015（11）．

## 赋能培训："抗大、黄埔能够成功，其实教的都是精神"

在人才培训中，任正非认为，应该着重教精神、教方法论。任正非说："抗大、黄埔能够成功，其实教的都是精神，而我们公司教的是知识。我不认为被我们淘汰的员工完全是知识问题，我认为第一是劳动态度问题，第二才是知识问题。所以 CFO、CSO（首席安全官）培训班，我们没有主讲课，没有标准，没有课本，你们要自己去想，如果想不出来，就不能上岗，否则上岗了也搞不好。大家不知道 CFO 是什么，可以先坐在一起讨论，像哈佛一样讨论，通过讨论知道 CFO 的使命是什么、对什么负责、内控管什么、计划管什么、奖金如何算以及人力资源管理等。否则在这么短的时间灌输知识起不到应有的作用。"

在任正非看来，只有引导大家有一个正确的方法论，才能真正评价出华为需要的干部。基于此，即使是同一个方法论，不同的人理解的深度可能也会产生偏差。任正非举例说："比如灰度。什么叫领袖？领袖不就是灰度掌握得好吗？为什么总统也是这个，班长也是这个，都是一个灰度问题，只是不同的人有不同的掌握程度。过分强调资质分离，就会使后备干部总队的管理变得更加复杂，也忽略了主目标、宗旨，而变成了一个太精细化的管理，这种管理既消耗很大的成本，也达不到效果。我认为后备干部总队不是为了学习内容，而是学一个方法论。我们在选拔干部时，第一选的是干劲，后备干部总队要锻炼干部的奋斗精神；第二要有方法论，我们不要过分强调知识。”

基于此，在培训人才的过程中，更要把方法论放在重中之重。任正非用电视剧《亮剑》中的李云龙解释了这个问题：“大家看过《亮剑》吧，李云龙老犯错误，总是被降级：一是我们上级组织还没有高水平的管理，无法指导和适应有作为的下级；二是我们的基层干部没有适应科学的军事教条和按程序作战。不按规矩同样打不了大仗。我们把炮火指挥权交给听得到炮火的人，同时要让其承担成本和费用，不能瞎开炮、瞎打，这样就不会有李云龙这么多错误，而产生无数的李云龙式的英雄。现在前方为了竞争，有数亿美元的合同商务授权一塌糊涂，大家说这样的李云龙我们能要吗？这是瞎打，不是真正的李云龙，我们要造就一批掌握正确方法论的干部。”

针对此问题，任正非将干部后备队的案例学习分为四个阶段：

> 第一阶段先从启发式学习开始，先读好教义，最好每天都考一次试，来促进学员通读。
>
> 第二阶段自己来演讲，演讲的内容不能说我学了好多理论，我就背那个条条，这种演讲是垃圾。讲你在实践中做了哪些事符合或不符合这个价值观，只要你自己讲，我认为都是合格者，不合格者就是那些不动脑筋混的、喊着口号的。
>
> 第三阶段就是大辩论，把观点和故事都讲出来。凡是没有实践的纯理论的东西，就不要让他上讲台，讲纯理论性的东西就扣分。演讲完了大家就辩论，不一定要拥护我们的文化，我们的文化没有特殊性，是普适的，都是从别人那儿学来的、抄来的。以客户为中心，以奋斗者为本，外籍员工听得懂，喊拥护的人也未必就是真心真意地拥护。大辩论中有

反对的观点，我认为也是开动了脑筋的，也是有水平的，我们要授予管理老师权力，让反对者过关，华为允许有反对者。

第四阶段，大辩论阶段个人观点展开了，人家好的你吸取了，人家差的你也知道了，然后就是写论文和答辩。你写的论文也要是非理论性的，只要是理论性的就是零分。就是要讲你的实践，你实践了没有，你实践的例子是什么。没有实践的，你看别人做了一件事情做得特别好，你从中学到了东西。

基于此，任正非认为，人才培训不能稀里糊涂地实践，必须将实践贯穿于有效提升能力上，这样才可能炼出“真经”。

为此，任正非说：“学习实践，重在领悟，而不是重在过程。规范的学习与认真去实践相结合。学习和理解已经总结的宝贵经验，并在实践中验证和体会，进而积累和凝结自己的经验，这才是有价值的实践。”

# 第 10 章　“喜马拉雅山的水流入亚马孙河”：推动队伍循环流动，进一步使基层作战队伍的各种优秀人员在循环过程中能够流水不腐

我们要推动队伍循环流动，进一步使基层作战队伍的各种优秀人员在循环过程中能够流水不腐，形成整个公司各个层面都朝向一个胜利的目标，努力前进和奋斗。

——华为创始人　任正非

## “在互联网时代，喜马拉雅山的水是可以流入亚马孙河的”

在华为，任正非重视干部的流动使用，在任正非看来，干部流动是华为正常的一种做法。为此，任正非常用“喜马拉雅山的水流入亚马孙河”比喻人才的流动方式。

任正非在内部讲话中说道：“我们要加强经验和思想的交流，这种交流应该是广泛的。拉丁美洲处在一个偏远地带，但是在互联网时代是零距离的，拉丁美洲正在出现既有的增长，这就是出现了一个机会窗。我们为什么不能在沙特石油培养干部，然后抽调出干部去拉丁美洲投入石油部门的战斗？一个地区成功了，成立教导队，大规模培养干部，为什么会出现干部无法流动的问题，这一点我们要思考。在互联网时代，喜马拉雅的水是可以流入亚马孙河的。”

为了让喜马拉雅山的水流入亚马孙河，华为加强重装旅、重大项目部、项目管理资源池等各种战略预备队的建设，有效地推动干部循环流动赋能，从而使整个队伍充满能量。

2016 年 8 月 15 日，任正非在华为公司内部做了一个“关于战略预备队建设汇报”的讲话。在讲话内容中，任正非提到，华为公司需要组织、结构、人才等所有一切都变化，通过变化使新的东西成长起来。

在任正非看来，战略预备队将影响未来华为新的结构和运作方式，这就需要进行结构改革。在此次改革中，战略预备队指导委员会由任正非亲自担任指导员，三个轮值 CEO 做委员，李杰也是委员。

此次改革，任正非的重点，是需要每年将研发部门输送 2000 个中高级干部、专家上前线，先到战略预备队，作为华为的后备战略力量。为此，任正非说道："度过这轮危机，完成这一次改革，华为就在世界上真正站起来，这次改革应该是很重要的。"

任正非很清楚，对于任何一个组织来说，都会面临"三十年河西，三十年河东"的情况。当三十年大限来到时，任正非的忧虑更为突出。任正非为此说道："如果我们抛弃这代人，重新找一代人，这是断层，历史证明不可能成功，那么只有把有经验的人改造成新新人。我们通过变化，赋予新能量，承前启后，传帮带，使新的东西成长起来。"

对于任何一个企业来说，要想永续经营和基业长青，任正非如此说道："企业永远要有新生的血液往前冲，而不能干部流动板结化，干部结构老化，新生血液包括我们这些愿意接受新事物、新观点、能保持持续学习能力和意愿的各级高级主管与专家。"

任正非解释称，战略预备队整个体系不只是市场，也包括研发、财经、管理、供应等所有体系。因此，任正非强调，华为要转换，把优秀的干部组织输送出来，进行面向未来的"训战结合"，建立适应作战方法的能力，把他们再送到一线。

# “只会给可能‘上航母当舰长’的人进行循环流动”

“华为公司未来的胜利保障，主要是三点要素：第一，要形成一个坚强、有力的领导集团，但这个核心集团要听得进批评；第二，要有严格、有序的制度和规则，这个制度与规则是进取的。什么叫规则？就是确定性，以确定性应对不确定性，用规则约束发展的边界；第三，要拥有一个庞大的、勤劳勇敢的奋斗群体，这个群体的特征是善于学习。”任正非在内部讲话说道。

对于这三点要素，任正非认为，华为是有可能实现的。任正非的理由是，“在未来三五年变革过程中，我们坚定不移地基于‘面对客户，创造价值’，不断简化管理、优化流程，那我们有可能在这三个要素的基础上，获得更大的成功。在调整过程中，各级管理团队不要总以为自己是销售状元，你们是管理者，一定要有眼光、综合性地平衡管理和建设，要引领这个队伍前进，未来就很有希望！”

基于此，华为推动干部循环流动机制的形成，任正非坦言：“片联主要推动干部循环流动机制的形成，建立作战氛围。”其具体的方法有如下三个：

第一，干部循环流动是根据业务需要，不是为了流动而流动。比如搞概算、合同场景，只需要少部分人跨全球使用，但要求多数人能跨区域使用。为了培养一支有实践能力的队伍，我们才流动。我们只会给可能“上航母当舰长”的人进行循环流动；其他职员不需要海外经验，也不需要流动。职员族固定下来，干一行、爱一行、专一行。所以不是为了干部成长去流动，而是你成长了，就给你流动机会。

干部循环流动是一个必然规律，其实对流出部门有很大好处。不仅把“儿子”抱出去给别人养，内部还可以相应提拔一群人。如果你只想用自己的干部，不把干部送出去，内部优秀人员也提拔不起来，不就是“土豪”吗？这种做法很笨。

第二，各级组织要对新流动进来的人员赋能，帮助其成长。循环流动的人员到了新部门，要努力学习去适应工作。部门认为他不合适，要去帮助他合适。当然，在干部循环流动过程中，有时可能不慎重，如果你认为他的确不合适，要尽快退到战略预备队去重新寻找作战机会，不要把别人的青春给耽误了，其他代表处、战略预备队还抢着要呢。

第三，片联要加快干部的循环流动，人力资源要善于发现人才。片联应该是全公司的“总干部部”，不仅是销售体系、产品体系，将来研发、财务、行政等体系的干部循环流动也都是归片联管。人力资源部是总政策部、规则部，规则要确定。“总干部部”是需要灵活考查和使用干部的。

华为正是通过循环流动，看到人才闪光点，破格提拔。

在内部讲话中，任正非说：“战略预备队的费用一半是由公司空耗费用来承担，另外一半是由他们加入各项目作战。战争打胜利了，要与项目核算费用，来填补自己的费用；如果打失败了，不要项目的钱，自带干粮，吃完就走了，从而使得干部能加强循环。不然阿富汗的干部一待就是好多年，为我们承受了很多痛苦，他们只能做英雄。即使说现在用他，他也当不了将军，因为没有被循环赋能将军的技能。如果循环流动起来，我们就给他赋能，他为什么就不能站起来呢？所以我们要利用这3年，推动队伍循环流动，进一步使基层作战队伍的各种优秀人员在循环过程中，能够流水不腐，形成整个公司各个层面都朝向一个胜利的目标，努力前进和奋斗。”

## 战略预备队就是加速血液循环流动的组织

据了解，战略预备队人员往往有以下几个来源。第一，选拔每年排在前25%优秀的人员进战略预备队。第二，出现风险的国家裁员，可以全部转到战略预备队里。第三，结构性改革中，要关闭一些产品开发组织，这些人也是人才，就进入战略预备队重新找机会和找方向。

作为战略预备队，由于没有职位分配的权力，仅仅只是人力资源系统中的一个重要人才供给培训的基地。

虽然如此，任正非一再强调，战略预备队的机制需要覆盖到研发、流程管理、财经等各个体系。在培训过程中，将采用通用的训练模型和不同的训练内容。

在公共训练模式部分，由于是一样的，都得遵守公共的训练平台的规则，当跑步落后了，其得分就低，但是在专业训练模式部分，其规则就可以不一样。不过，在其位，必须谋其政，在岗位上就要以结果为导向，在培训的过程中，就要以学习理解为导向。例如，华为大学就是一个教学、考试的交付平台。

在战略预备队中，当然要讲求“训战结合”“教学要结合现实”。为此，任正非说道：“预备队要引导明天，但是不能跳跃太多，跳太多就不接地气了，树不能长在天上。”

在任正非看来，战略预备队都还没有战场，培训未来没必要，但是让大家知道未来是有好处的。

任正非说道："我们越来越需要更有综合能力的人挑起重担，但是综合能力的成长需要有过程，每个人在学习中都要跨过这个边界。我们也要改革，也要有越来越多的跨学科、跨领域的平台，至少可以用论坛的形式，吸引大家来打擂台，要活跃这个气氛。"

有关研发部门每年输送 2000 个中高级干部、专家上前线，先到战略预备队的问题，任正非是这样解释的："研发要尽快把优秀的干部派出去，可能前五六个月他们还不会干活，奖金也不会高。所以先给他们涨一下职级，升一下薪，再上战场，大家就有积极性。这些优秀人员经过两三年的战火熏陶和考验，对客户需求的理解就深化了。回来做产品线领导就接地气了。"

任正非认为，"大量干部不断输出到前方，有两个好处。第一个，让前方的干部有危机感，随时有人替代他，他就会努力干。第二个，给喷涌的新鲜血液一个提升的机会，换血，加强血液循环流动。加速选拔有一线成功实践经验的人，有综合能力的人"。

在任正非看来，"公司这个集体是没有生命的，但是，是由有生命的人组成的，华为的血液不断在更新，这就延缓我们公司垮台的过程。战略预备队就是加速血液循环流动的组织"。

正是因为战略预备队加速华为的人才循环，才促进任正非有针对性地将干部和专家调往前线。任正非说道："结构改革是缓慢的，大家不要急，改快了最后反而会失败。未来我们需要什么能力，不知道；需要什么样的干部，不知道。但是往前跑，我们就会一天比一天好！"

# “鼓舞正气上升，让英雄辈出，千军万马上战场”

在人才流动中，华为始终坚持循环流动。为此，任正非说：“我们要推动队伍循环流动，进一步使基层作战队伍的各种优秀人员在循环过程中能够流水不腐，形成整个公司各个层面都朝向一个胜利的目标，努力前进和奋斗。”

在任正非看来，一旦干部是可以流动的，一个地区成功了，抽调干部去另一个地区支持那里的战斗，就可以让成功经验在全球范围内高效复制和推广。

华为公司知识管理负责人谭新德提出：“华为公司最大的浪费就是经验和人才的浪费。如果能让公司辛苦培养起来的干部流动起来，把好的经验传递下去，公司无论管理还是经营上都会有一个很大的提升。”

在内部讲话中，任正非告诫华为人：“片联、代表处、地区部等各级组织要有正气文化上升，要英雄辈出。”

任正非说：“大家看看我在汶川抢险文件上的批示‘只要上战场的人都是英雄，即使尿了裤子’。当年不想炒作我们做社会公益，只给每人发了一个木牌奖章，现在我和道德遵从委员会说‘有钱了，用金牌换回你们木牌’，像这样把历史问题就滚动解决了。一定要让大家看到前方的星，照耀着我们的道路前进，千军万马不就跟你上战场了吗？”

在任正非看来，战场才是塑造英雄的地方，只有敢于上战场，哪怕“尿了裤子”，也依然是英雄。任正非说：“道德遵从委员会主要职责是发现好人。不要把主要职责变成帮助落后的人。对干部监督，首先你们要相信干部是好人，帮助他如何去作战，别去触犯到高压线。‘华大’的责任是给好人赋能，教人如何当‘官’。我们过去关心的是制度运行中不出问题，现在应更多关注治理之后的结果能否有活力、和谐，能否激发大家干事业的精神。”

只有这样，才能保证华为的生存和发展。任正非认为，人才流动并不拘泥于形式，必须落到实处。任正非说道：“不能首先设定这是坏人，然后去监控他。我们并不是要真正抓一个干部出来点点火，然后高兴‘你看我又抓了一个出来’，总体还是不希望公司有干部违规行为。昨天你违了规，赶快搭个楼梯，下楼洗个澡，把脏东西洗干净。很快就到 12 月底了，你们有做了假账的，赶快向公司坦白，在座大多数人都可能做过假账、填过假数据。我们认为做假账是一种工作行为的错误，不能完全说是品德行为的错误，说清楚就轻装上阵，扛着机关枪继续上战场，准备当英雄去。子公司董事会、监事会、审计部，要善于发现这些人在前进。”

事实证明，在华为，绝大多数人都是英雄，所有人都要分享到公司胜利的成果。为此，任正非说道：“我们主要重视优秀员工的选拔，自然就会挤掉后进员工，这样后进员工也会有变化。”

## “艰苦地区出英雄，让英雄走向将军之路”

在很多军旅题材的电视剧中，都有将军把自己的儿子安置在一线最艰难的哨所之类的情节，比如电视剧《激情燃烧的岁月》中的石光荣，就把自己的儿子石林安排到最北边、条件最艰苦的鸡鸣山哨卡。

或许石光荣的做法是好心，但是作为儿子的石林未必领情，因此招致抵触甚至心怀怨恨，也使得父子二人十几年间联系甚少。

最后，石林通过艰难的磨炼，终于明白其父石光荣的一片苦心。在华为，任正非也同石光荣一样，坚持把优秀的人才送到一线去锻炼，让英雄走向将军之路。

事实证明，自古以来，英雄往往都是班长以下的战士。既然如此，任正非反问自己：“那么英雄将来的出路是什么呢？”

在经过多年的摸索后，任正非找到了答案。他说：“要善于学习，扩大视野，提升自己的能力。不仅要产粮食，而且要把‘五个一’工程提前完成。然后，我们把他们送去需要的地方奋斗，我们暂且叫他们‘准将’，准备当将军。准将并不是高于大校的职位，而是准备当将军的士兵。因为艰难环境考验了你，你是英雄，如果只是发个奖章戴着，还只是奖章，如果我们给英雄赋能，就会不同。”

任正非认为：“其他艰苦地区也是一样。西非地区部说你自己很赚钱，但因为埃博拉，大家不愿意去西非。西非地区部不能只想着靠计划保障模式，要把正向激励做起来。对去西非的英雄要加快对他们的循环赋能，让他们大批成为准将。西非地区部要建立良好的保障系统，创造自己的小环境，提高员工的生活质量。比如把食堂装修漂亮，里面有音响设备，外边不能玩了，大家还可以在家里跳跳舞。小环境指行政费用开支等，艰苦地区保障部逐个国家讨论，拿出意见来。”

基于此，作为片联，必须加快选拔优秀的、有眼光的、有见解的人，加快赋能培训，西非就是一个熔炉，到那里去炼一炼，出来也是准将。在这样的优厚待遇下，有谁不愿意去西非呢？

任正非说：“他们的考核基线与北京、上海不一样，放宽你们一些考核基线，你们出成绩的机会就多了。既然你们赚钱多，可以给你们一些政策，薪酬包改变要快，职级提升也要快。当然，你们想当‘官’，我可以理解，但华为的‘官’只有一个统一标准，你们应该加快循环赋能。公司民主选举‘明日之星’，如果别的地区部表彰 20%，那你们可以多表彰一些，这次可以先试点。”

在一线战场，甚至在威胁到生命的艰苦地区，任正非强调生命高于订单。任正非告诫员工：“员工首先要注意自我保护，我们的组织也要做出一些工作来。最近我在阿尔及利亚代表处讲话，专门提到‘人的生命是最重要的’，其实我是对全球所有艰苦地区的员工讲的。当这些市场出现问题的时候，区域管理部要重新调整考核基线，在艰苦地区，若还按那么高的基线要求，让人家冒着炮火前进，以生命为代价，不合适，我认为健康比成功更重要，活着比金钱更重要。”

基于此，任正非建议：“片联要把艰苦地区的干部循环出来赋能。”究其原因，“片联说这个地方需要谁，就让他在那里堵机枪，身体已经被打穿了7个孔，还堵得住吗？你就把他拉回来到重装旅、重大项目部或项目管理资源池去循环培训，然后他也达到了跟别人同级的水平，别人只能定个上尉，他就可以定高一些。这样激励那些曾经历危险考验的人，在华为能比别人更容易担负起担子来”。

任正非补充道：“我们认为代表、CFO要全球流动，随时要流到艰苦地区去。如果可以做代表，先分到西非、利比亚……去做个代表、副代表试试。如果他只能在好地方做代表，流不动，将来我们就是死水一潭。”

任正非坦言，此次变革的目的，是为了多产粮食和增加土地肥力。合理提拔、使用干部，目的是为了作战胜利。

任正非举例说：“瑞典‘瓦萨’战舰是当时世界上最大的炮舰，装修很漂亮，里面的雕塑都是艺术品，但战舰存在的目的是为了打胜仗，装饰是多余的。国王为了显示威力，又加建了一层炮塔，但船体本身没有改，结果一出海就沉没了。”

在人才循环流动的过程中，必须坚持“在未来的变革过程中，我们要强调目的才是最重要的，目的就是要多产粮食、产生战略贡献和增加土地肥力，凡是不能为这两个目的服务的，都要逐步简化”。

任正非说：“变革最主要是围绕‘为客户服务创造价值’来设立流程、制度，不能为这个中心服务的，我们都要简化。现在的流程烦琐，就是因为我们以前没有弄清楚目的到底是什么。这样我们提高了作战效率，同时我们有一批优秀的、勤劳勇敢的人，经过三五年，我们在管理上一定能进步起来。”

他还说：“现在我们公司的项目管理水平还低，浪费仍然较大，我们要提高项目团队的配置，使他们能力提升。以前机关为什么这么强大？机关掌握了预算，先把自己奖金、编制、岗位职级……批了，然后到前线的作战部队派个十四级、十五级就够了。他们层级低，就会多耗工、耗时、耗物资，慢慢摸索到会做了，已经产生一大堆浪费。”

针对此问题，任正非的解决方法是："浪费的钱舍得，养几个将军就不舍得吗？这就是过去我们以功能部门为中心的弊病，将来要以项目为中心进行管理，我们正在试点。接下来，我们逐渐使作战团队拥有更多权力，监管前移，来配合授权体系的产生。但过于激进的改革，可能会造成崩塌，公司平台的转变需要一个缓慢的过程，大家要有耐心，也需要大家共同努力，而且会有更多的优秀将军产生。"

在任正非看来，在干部使用上，目的是为了作战胜利，除了胜利，没有其他目的。任正非说："无论资历、年龄，我对所有人的看法都是一致的。公司破格提拔了一些干部，是把他们作为标杆，让标准向右看齐……我们以前说要用会带兵的人，这次我盯着把人力资源提纲中'会带兵的人'改掉了。山头都已被他攻下，还说他不会带兵？不会带兵，给他派一个'赵刚'去。互联网时代是英雄辈出的时代，因为学习容易了。过去你要看标准，要背几背篓上前线，一张一张翻；而现在看标准，不仅可以翻电子件，还可以检索相关条文组合在一起看。年轻人总结经验的速度在加快，后生可畏啊！华为大学那么多表格，读懂这些表格，拿去两个站点实践，也就明白了，不也才二三十岁嘛，怎么就不能提拔起来？"

# 第 11 章 “班长的战争”：让最清楚市场形势的人指挥，提高反应速度，抓住机会，取得成果

谁来呼唤炮火？应该让听得见炮声的人来决策。而现在我们恰好是反过来的。机关不了解前线，但拥有太多的权力与资源，为了控制运营风险，自然而然地设置了许多流程控制点，而且不愿意授权。过多的流程控制点，会降低运行效率，增加运作成本，滋生官僚主义及教条主义。

——华为创始人　任正非

# “班长的战争”就是“让听得见炮声的人来呼唤炮火”

在任正非的讲话中，多次提到“班长的战争”。拥有军旅经历的他非常清楚源自美国军队的作战方法。

在美国军队的作战思维中，战争不再像过去的集团军作战，也不再凭借名将，而是依靠一个连排，甚至班一级的小分队。

一个连排，甚至班一级的小分队深入敌后，凭借携带卫星定位仪器和激光指示器，随时根据下载的卫星画面寻找敌人踪迹，甚至还可以通过卫星呼唤战机、导弹进行针对性的战略轰炸。

在这样的作战范式下，班长不仅作为一线现场的作战指挥员，还是该小分队的直接领导者，同时也是将信息传递给指挥中心的直接负责人，这样的角色需要拥有相关的专业技术，同时还需要有临机决断的指挥能力。

面对市场形势的巨变，华为强调“让听得见炮声的人来呼唤炮火”，即要求“班长”在最前线发挥主导作用，让最清楚市场形势的人指挥，提高反应速度，抓住机会，取得成果。它要求上级对战略方向正确把握，平台部门对一线组织有效支持，班长们具有调度资源、及时决策的授权。其基础是组织和层级简洁而少（比如 3 层以内），决策方式扁平、运营高效。

对此，任正非对华为这个组织进行变革。任正非说：“在主航道组织中实现‘班长战争’，一线呼唤炮火，机关转变职能；非主航道组织去矩阵化或弱矩阵化管理，简化组织管理。虚拟考核评价战略贡献，抢占战略高地。”

具体做法有两个。

第一，简化组织管理，让组织更轻、更灵活是华为未来组织改革的奋斗目标。

任正非坦承，这样的组织机构变革，源于美国军队的军事变革，美国军队的作战单位已经开始从师变成旅，作战的能力却增强很厉害，而且美国还在变革，未来的方向是，作战单位有可能从旅直管营，去除团一级，还要缩小成排、班……班长可能真是一名少校或少将，因为一个班的火力配置很强（巡航导弹、飞机、航母……），就没有必要大部队作战。

基于此，任正非认为，“‘班长的战争’这个理念应该这么来看，大规模人员作战很笨重，缩小作战单位，更加灵活，综合作战能力提升了，机关要更综合，决策人不能更多。让组织更轻、更灵活，是适应未来社会发展的，也是我们未来组织改革的奋斗目标”。

任正非在内部讲话中说：“将来华为的作战方式也应该是综合性的，我们讲‘班长的战争’，强调授权以后，精简前方作战组织，缩小后方机构，加强战略机动部队建设。划小作战单位，不是指分工很细，而是通过配备先进武器和提供重型火力支持，使小团队的作战实力大大增强。当然，授权不是一两天能完成的。目前，管理上的问题没有落地，所以3~5年内把LTC、账实相符、‘五个一’作为重点，一定要实现端到端贯通。5年以后，坚定不移地逐步实现‘让前方来呼唤炮火’，多余的机构要关掉，这样机关逐渐不会那么官僚化。”

对于这样的变化，任正非回忆道：“当年我们从小公司走向大公司时，不知道怎么管理，分工过细。现在我们使用的工具先进了，很多流程打通了，功能组织也要综合化，不仅减少层级，也要缩小规模，几个组织合并成一个组织。如商务合同评审的专业组织，应该涵盖运营商BG、企业网BG，没有必要成立两个平台。”

在华为的变革中，矩阵化管理主要用于主航道上的作战队伍上，这需要一个大规模的平衡，耗费一点人力资源，称称这个、平衡那个。对于非主航道，任正非坦言：“就不需要这么复杂的平衡。慧通去矩阵化，第一必须对华为服务，不能到社会上招揽生意，这是对它的制约；第二必须自己养活自己。”

在任正非看来，内服弱矩阵化，就是流程责任制，只有几个管理的核心干部还是矩阵化的。组织的优化，不要等同时发令上，哪个模块成熟了就可以先走，若总是追求完美的“齐步走”，等候的时间就太长了。

任正非举例说：“我们要有个假设，将来如果我们担负起 700 亿美元的销售收入，不意味着华为总人数会产生大幅度增长。我们每年要招聘一些尖子进来，置换不合适的人员，因此总人数增长是有限的，但作战结果会有极大提高。811 规划中，不能大幅度增加人力资源编制，不要总向研发与市场倾斜，但是可以增加薪酬包。”

第二，组织绩效——根据当期产粮多少来确定基本评价（KPI），根据对土壤未来肥力的改造来确定战略贡献，两者要兼顾，没有当期贡献就没有薪酬包，没有战略贡献就不能提拔。

任正非说：“我们认为，还是根据产粮食多少来确定基本评价（KPI），根据对土壤未来肥力的改造程度来确定战略贡献。比如，根据销售收入 + 优质交付所产生的共同贡献拿薪酬包；若没有做出战略贡献不能被提拔。我们现在的 KPI 也包含了很多战略性贡献，战略贡献要搞 KPI 我也同意，但要单列，战略 KPI 和销售收入 KPI 不能一致。将来公司所有指标都要关注到抢粮食，关注到战略指标。”

任正非举例说：“我们原来的虚拟考核方法很好，可以继续沿用。例如，我们有 68 个战略制高地、200 多个战略机会点，抢占战略高地要靠能力提升、靠策划、靠方法，不完全靠激励。当然，激励也是应该的。虽然做了战略高地，但若利润是负值，乘以任何系数都没用，因此还是至少要实现薄利，不要简单地说‘未来如何赚钱’，即使未来赚钱，也是破坏了今天的战略平衡。设定的战略目标，有销售收入浮动的比例。战略机会点攻进去了，不允许降价做恶性竞争，但是允许多花钱，比如可以派两个少将去。BG 重心是销售收入，既想卖东西，又想抢占战略高地，是虚拟考核；区域考核的是盈利和战略，即使薄利，也是盈利。当 BG 和区域的诉求完全不一致时，由区域说了算。”

# 所谓“班长的战争”，就意味权力下沉

在“班长的战争”中，战争的主角——优秀的“班长”和专家的选用育留及自身的主动成长也非常关键，“班长”们同样要是精英中的精英。在内部讲话中，任正非说：

> 今天我给你们带来了一个光碟，是《莫斯科保卫战》的上集。只给你们看上集。描写的是第二次世界大战中，苏德战场上苏军早期在西线全面溃败的情景。
>
> 在苏德战争初期，除了斯大林同志的刚愎自用，听不进任何意见，没有做战略准备外，斯大林时代还清洗了800万红军和党的干部，从而使苏联红军不成熟，教条主义横行，苏军的中层不决策，执行中的僵化教条，也使得希特勒以闪电战攻击的时候苏军毫无还手之力，在西线全线溃败，让德军合围。苏联在卫国战争中共死亡3500万人，其中2500万是军人，多数应该是在早期西线溃败的时候牺牲的。
>
> 这个错误是以数百万军人生命为代价的。敌人都已经兵临城下了，应不应该做战争准备？保管员甚至以签字不完成为由不打开武器库；不会打仗的军事委员们，一件小事都要等大本营的指示，恰好电话线已被德军炸断……这样一个状况跟我们今天很相像。

决策重大战略问题是一个很漫长的时期，高层的决策可能是对的，但在攻取一个山头的问题上，高层未必比听到炮响的领导更正确，所以我们要把这个指挥权下放给你们。下放给你们以后，我们就发现有几个问题，基层拿到权不知道该干什么用。“莫斯科保卫战”最终虽然胜利了，真实的历史就是大冰雪。零下四五十度的低温，德军坦克凝固了，德军的机械化作战部队运作不起来了，应该说老天帮了很大的忙。但是华为公司可没有上帝，没有一个人会帮我们的忙，一旦我们出现溃败，是没有人会帮忙的。

在任正非看来，所谓“班长的战争”，就意味权力下沉，“让听得见炮声的人来呼唤炮火”。那么，指挥权和项目决策权应该在区域，BG 作为资源中心支撑作战。BG 的目标是做大销售额，区域的目标是产生合理利润。区域未来 5~10 年从现在的屯兵模式，逐步走向精兵模式，不足兵力由战略预备队作为机动部队协助作战。

为此，任正非说道：

我们从以技术为中心向以客户为中心转移的过程中，如何调整好组织，始终是一个很难的题目。

刚开始我的认识也是有局限性的。我在 EMT（经营管理团队）会上讲了话，要缩短流程，提高效率，减少协调，使公司实现有效增长，以及现金流的自我循环。但提出的措施确实有一些问题，单纯地强调精简机关、压缩人员、简化流程，遭遇一部分 EMT 成员的反对。他们认为机关干部和员工压到一线后，会增加一线的负担，增加成本，并帮不了什么忙。机关干部下去以总部自居，反而干预了正常的基层工作。

后来我听取一些中层干部的反映，他们认为组织流程变革要倒着来，从一线往回梳理，平台（支撑部门和管理部门，包括片区、地区部及代表处的支撑和管理部门）只是为了满足前线作战部队的需要而设置的，并不是越多越好、越大越好、越全越好。要减少平台部门，减轻协调量，精简平台人员，自然效率就会提高。这样EMT决议还未出笼就方向反了。

但如何去实现这一点呢？问题仍然摆在前面。这次访问利比亚时，听取了北非地区部的汇报，有了一些启发。

北非地区部努力做厚客户界面，以客户经理、解决方案专家、交付专家组成的工作小组，形成面向客户的铁三角作战单元，有效地提升了客户的信任，较深地理解了客户需求，关注良好有效的交付和及时的回款。

铁三角的精髓是为了目标，而打破功能壁垒，形成以项目为中心的团队运作模式。公司业务开展的各领域、各环节，都会存在铁三角。三角只是形象说法，不是简单理解为三角，四角、五角甚至更多也是可能的。这给下一阶段组织整改提供了很好的思路和借鉴，公司主要的资源要用在找目标、找机会，并将机会转化成结果上。我们后方配备的先进设备、优质资源，应该在前线一发现目标和机会时就能及时发挥作用，提供有效的支持，而不是拥有资源的人来指挥战争、拥兵自重。

既然如此，华为面对一个非常务实的问题：到底谁来呼唤炮火呢？面对这个问题，任正非回答说：

谁来呼唤炮火？应该让听得见炮声的人来决策。而现在我们恰好是反过来的。机关不了解前线，但拥有太多的权力与资源，为了控制运营的风险，自然而然地设置了许多流程控制点，而且不愿意授权。过多的流程控制点，会降低运行效率，增加运作成本，滋生官僚主义及教条主义。

当然，因内控需要而设置合理的流程控制点是必须的。去年（2008年）公司提出将指挥所（执行及部分决策）放到听得到炮响的地方去，已经有了变化，计划预算开始以地区部、产品线为基础，已经迈出可喜的一步，但还不够。北非地区部给我们提供了一条思路，就是把决策权根据授权规则授给一线团队，后方起保障作用。这样我们流程优化的方法就和过去不同了，流程梳理和优化要倒过来做，就是以需求确定目的，以目的驱使保证，一切为前线着想，就会共同努力控制有效流程点的设置。从而精简不必要的流程，精简不必要的人员，提高运行效率，为生存下去打好基础。

用一个形象的术语来描述，我们过去的组织和运作机制是“推”，现在要将其逐步转换到“拉”的机制上去，或者说是“推”“拉”结合、以“拉”为主的机制。推的时候，是中央权威的强大发动机在推，一些无用的流程、不出功的岗位，是看不清的。拉的时候，看到哪一根绳子不受力，就将它剪去，连在这根绳子上的部门及人员一并剪去，组织效率就会有较大的提高。我们进一步改革，就是前端组织的技能要变成全能的，但并非意味着组织要去设各种功能的部门。

基层作战单元在授权范围内，有权力直接呼唤炮火（指在项目管理上，依据IBM顾问提供的条款、签约、价格三个授权文件，以毛利及现金流进行授权，在授权范围内直接指挥炮火，超越授权要按程序审批），当然炮火也是有成本的，谁呼唤了炮火，谁就要承担呼唤的责任和炮火的成本。后方变成系统支持力量，必须及时、有效地提供支持与服务，以及分析监控。公司机关不要轻言总部，机关不代表总部，更不代表公司，机关是后方，必须给前方以支持与服务，不能颐指气使。

为此，任正非补充道："公司的最高决策机构是 EMT 会议，EMT 成员只是在会议结束后推动决议的执行，他们叫首长负责制，也不能自称总部。机关干部和员工更不能以总部自称，发号施令，更不能要求前方的每一个小动作都必须向机关报告或经机关批准，否则，机关就会越做越大、越来越官僚。一线的作战，要从客户经理的单兵作战转变为小团队作战，而且客户经理要加强营销四要素（客户关系、解决方案、融资和回款条件、交付）的综合能力，要提高做生意的能力；解决方案专家要一专多能，对自己不熟悉的专业领域要打通求助的渠道；交付专家要具备能与客户沟通清楚工程与服务的解决方案的能力，同时对后台的可承诺能力和交付流程的各个环节了如指掌。其他非主业务的人员，要加强对主业务的了解，了解达不到一定深度的，不能成为管理干部及骨干，没有这种经历的，要去补好这一课。"

任正非举例称："以美军在阿富汗的特种部队来举例。以前前线的连长指挥不了炮兵，要报告师部请求支援，师部下命令炮兵才开炸。现在系统的支持力量超强，前端功能全面，授权明确，特种战士一个通信呼叫，飞机就开炸，炮兵就开打。前线三人一组，包括一名信息情报专家、一名火力炸弹专家、一名战斗专家。他们互相了解一点对方的领域，紧急救援、包扎等都经过训练。当发现目标后，信息专家利用先进的卫星工具等确定敌人的集群、目标、方向、装备……炸弹专家配置炸弹、火力，计算出必要的作战方式，其按授权许可度，用通信呼唤炮火。"

任正非认为："美军作战小组的授权是以作战规模来定位的，例如：5000 万美元，在授权范围内，后方根据前方命令就及时提供炮火支援。我们公司将以毛利、现金流，对基层作战单元授权，在授权范围内，甚至不需要代表处批准就可以执行。军队是消灭敌人，我们就是获取利润。铁三角对准的是客户，目的是利润。铁三角的目的是实现利润，否则所有这些管理活动是没有主心骨、没有灵魂的。当然，不同的地方、不同的时间，授权是需要定期维护的，但授权管理的程序与规则，是不轻易变化的。”

在任正非看来，科学的管理必须懂得放权和授权，不能事必躬亲。只有这样，才能真正地实现“班长的战争”和“让听得见炮声的人呼唤炮火”。

《韩非子·八经》中说道：“下君尽己之能，中君尽人之力，上君尽人之智。”韩非子这段话的意思是：昏庸的君主只懂得刚愎自用，用一人的能力治理国家，比如隋炀帝；普通君主用众人的气力治理国家，比如李渊；贤明的君主则用众人的智力治理国家，比如唐太宗李世民。

的确，只有那些懂得利用群众智慧的君主才是真正的贤明君主。其实这个道理也适用于企业管理，尽己之能不如尽人之力，尽人之力又不如尽人之智，高明的领导者不仅善聚众力，更善集众智。

在很多公开课上，笔者经常能听到一些中小企业老板自诩：“我是企业的主心骨，离开了我，我那个企业就不能正常运转。”

每当听到老板这样的言辞，笔者都会善意地提醒，这将给企业增加诸多不确定的风险，而且这个信号极其危险。

不可否认的是，在创业初期，一些创业者因为事必躬亲得到了直线型、扁平化管理的好处。但是随着企业规模的不断扩大，创业者依然事无巨细、事必躬亲，无疑将累死在工作岗位上。

在美国短暂200多年的建国历史中，造就了一家与美国历史差不多的长寿公司，这个公司就是杜邦公司。杜邦家族公司的发展，经历了一条清晰的变革路径：单人决策—集团式经营—多分部体制—“三马车式体制”。

19世纪，杜邦公司跟大多数家族公司一样，采取个人决策式经营，公司的所有主要决策和许多细微决策都要由总裁亲自制定。

在家族企业创业时期，个人决策式经营保证了家族企业的生存和发展。主要是因为杜邦公司的规模较小，直到1902年合资时，杜邦公司的评估价值是2400万美元。

然而，当杜邦公司的发展到了一定的规模，杜邦公司第三代继承人尤金·杜邦接班时，原有的个人决策式经营就凸显出问题。

由于尤金·杜邦试图承袭其伯父亨利·杜邦的经营作风采取绝对的控制——尤金·杜邦在掌管杜邦公司之后，坚持实行一种“恺撒式”的经营管理模式，“一根针穿到底”，绝对控制管理权力。公司的所有主要决策和许多细微决策都要由他独自制定，所有支票都得由他亲自开具，所有契约也都得由他签订，他亲自拆信复函，一个人决定利润分配，亲自周游全国，监督公司的好几百家经销商，在每次会议上，总是他发问，别人回答。尤金的绝对式管理，使杜邦公司组织结构完全失去弹性，很难适应市场变化，在强大的竞争对手面前，公司连遭致命的打击，濒临倒闭。

与此同时，尤金·杜邦本人也终于陷入公司错综复杂的矛盾之中。1902年，尤金·杜邦去世，合伙人也都心力交瘁，两位副董事长和秘书兼财务长也相继累死。

在杜邦公司这个案例中，将尤金·杜邦累死的显然不是那些看似灭顶之灾的挑战，反而是一些微不足道的鸡毛蒜皮的小事。追其根由，就在于企业家不善于授权。这也足以说明，合理授权对于管理者实现企业目标至关重要。

杜邦公司的这个案例提醒中国企业家必须善于授权，毕竟企业家不可能在各方面都是行家里手，万一决策失误，带来的可能是惨痛的失败。因此，企业家学会授权，从繁杂的事务中脱身出来，着眼于整体的战略发展，才是企业家应该做的。

# 2000多名高级干部和专家奔赴一线，就是为了呼唤炮火

在华为的激励手段中，除了远征和情怀，就是大量的“金元”。2016年10月29日，任正非的内部讲话传遍国内社交网络。

2016年10月28日，任正非在动员大会上高调发布了动员令，动员即将远征的2000多名华为高级干部和专家。不仅如此，任正非还把这些高级干部和专家重新投放到一线，包括非洲、中东等“艰苦的地区和国家”。

此次出征，其规格较高，如同10多年前一样。任正非在“出征·磨砺·赢未来”研发将士出征大会的讲话说：

> 像这样的誓师大会，我印象很深的，还有2000年的五洲宾馆的出征将士的送行大会。“青山处处埋忠骨，何须马革裹尸还”的大标语，充满了一种悲壮，其实我们那时连马革也没有。为了证明身份，我们需要世界市场的成功，在完全不了解世界的情况下就踏入了茫茫的“五洲四洋”，那时非洲还在战乱中……
>
> 风萧萧兮易水寒，在那外汇管制的时代，常常发生我们的员工在麦当劳刷不出卡来的窘境。有一本小书《枪林弹雨中成长》就记录了那一代人的艰辛。今天能达到800多亿美元的销售收入，融进了多少人的青

春、血汗与生命。我们今天成功了，不要忘记一起奋斗过的人。不要忘记不管是因公还是因私献出了生命的人。我们今天已有大片土地，一定能找到纪念他们的形式。

今天我们的勇士又要出征了，我们已经拥有170个国家武装到牙齿的铁的队伍，我们的流程IT已经能支持到单兵作战。每年我们仍会继续投入上百亿美元，改善产品与作战条件。我们要从使用“汉阳造”向驾驶航母的现代作战方式转变。我们除了在传统增量市场大量培养将军、创造成绩、多生产粮食外，在新的机会领域我们也要努力成长。云化是我们不熟悉的领域，图像虽然我们领先，但海外除德国有大规模实践经验外，在其他国家还没有规模化的成功，还没有建立一支成熟的队伍。特别是面对大视频带来的流量洪水和更低的时延要求，我们还没能驾驭。战略预备队只能一边学、一边教、一边干，让小老师逐渐成为“大教授”；让二等兵在战火中升为将军。大时代呼唤着英雄儿女，机会将降临在有准备的人身上。大江东去浪淘沙，天翻地覆慨而慷。不能打仗的主官将会离开岗位，随时准备下台，才能不下台。

服务是我们进攻中的重要防线，网络容量越来越大、越来越复杂、维护越来越困难，任何新公司、黑天鹅要全球化，都不可逾越此障碍。没有多年的积累是不可能建立起来活的“万里长城”“马奇诺防线”，我们这道历时28年建立的服务体系，不是容易超越的，特别是这条防线正在逐步人工智能化。GTS这些年的进步，为我们建立了巩固的防线，使我们进可攻退可守。我们迫切需要更多的专家、将军，建立起更复杂的网络、更巩固的防线。“江山代有才人出”，服务将是我们不败的基础。

任正非回忆道：

20多年前我们走出国门，是为了证明身份，我们曾借用“二战”时期苏联红军瓦西里·克洛奇科夫的一句口号，“背后就是莫斯科，我们已无退路”。莫斯科不是我们的，我们根本就没有任何退路。我们向前走，被认为是共产主义在进攻，退后被认为是资本主义在萌芽，当我们拖着疲惫的身体回到家里时，面对陌生的妻儿，一句话也说不出来，因为对客户说得太多了。

在他们最需要陪他们游戏、给他们讲讲故事的时候，我们生命的时间完全被为生存而战全部绞杀了。儿女总有一天会明白他们的父母无怨无悔的一生，明白他们父母像中央空调一样温暖了全人类的伟大情怀。但是，我们永远不能报答自己父辈的良心自责，将久久萦怀。

我们除了在市场战线要获得成功外，在技术战线我们也要有所作为。我们每年除了给开发部门拨付80亿～90亿美元以上的开发经费外，将给研究部门每年超过30多亿美元的经费。我们为什么要延伸到基础研究领域？因为这个时代发展太快了，网络进步的恐怖式发展，使我们不能走过去那种科学家发表论文，我们理解后去做工程实验然后生产产品，这样缓慢的道路。

我们现在就要选择在科学家探索研究的时候，探进脑袋去思考如何工程化的问题。我们不仅要使自己数十个能力中心的科学家和工程师努力探索，不怕失败，而且要越过工卡文化，大量支持全球同方向的科学家。我们的投资是不具狭义目的的，正如我在白俄罗斯国家科学院所说的，我们支持科学家是无私的，投资并不占据他的论文，不占有他的专利、他的成果，我们只需要有知晓权。不光是成功的，包括他失败过程的知晓权。像灯塔一样，你可以照亮我，也可以照亮别人，而且灯塔是你的，完全不影响你产业化。

我们今天集结2000多名高级专家及高级干部走上战场，让他们真正去理解客户需求，背上他们自己制造的降落伞，空降到战火缤纷的战场。春江水暖鸭先知，你不下水，怎么知道天气变化？当前“天气预报”绝大多数都是美国做出的。美国不仅集中了大量优秀人才，而且创新机制、创新动力汹涌澎湃。我们要敢于聚焦目标，饱和攻击，英勇冲锋。不惜使用范弗里特弹药量，对准同一城墙口，数十年持之以恒地攻击。敢于在狭义的技术领域，也为人类做出“天气预报”。努力在基础科学上领先，与以客户为中心并不矛盾。客户需求是广义的，不是狭义的。

在任正非看来，上次出征是由于当时华为还比较弱小，为了生存不得不四处征战。如今的华为并非当年，按照华为全员持股政策和优厚的薪酬体系，此次派遣的2000多名高级干部和专家，都是百万、千万乃至亿万富翁。

这样的高收入足以让中国大部分员工羡慕嫉妒恨，那么为什么早已财富相对自由的他们能够在任正非的一声令下就奔赴一线呢？答案就是源于华为自身的发展需要——以客户为中心。

在2016年的全国科技创新大会上，任正非当着国家领导人和上千名两院院士的面，充满危机感地说：“随着逐步逼近香农定理、摩尔定律的极限，而对大流量、低时延的理论还未创造出来，华为已感到前途茫茫、找不到方向。华为已在迷航中前进。”

任正非有着类似的忧虑，源于华为自身的特殊情况。任正非解释说：“我们错过了语音时代、数据时代，世界的战略高地我们没有占据，我们再不能错过图像时代。我们不能像过去一样，以招聘新员工培训后扑入战场，等3~5年他们成熟的时候，这个机会窗已经半开半掩了，我们又失去了一次占领图像高地、云化时代的机会。”

任正非说：

正如胡厚崑所说的，我们每年要破格提拔4000多名员工，以激活奋斗的力量。让优秀人才在最佳时间、以最佳角色做出贡献。人力资源的评价体系要一国一制，用什么考核什么，不进行无目的的考核，让前线将士聚焦在作战上。人力资源要研究热力学第二定律的熵死现象，避免华为过早地沉淀和死亡。

郭平提出，用法律遵从的确定性，来应对国际政治的不确定性。给我们指出了正确处理国际关系的方向。我们的财务管理已达到行业领先水平，结束区域站点存货无法盘点历史，中心仓存货的账实准确率99.89%，站点存货的账实一致率98.17%。有成功实践经验的优秀专家及干部正在大规模成长，但不能就此满足。要有应对金融危机的预案，要压缩超长期库存和超长期欠款。提高合同质量是最根本的措施。

30年的奋斗，我们已从幼稚走向了成熟，成熟也会使我们惰怠。只有组织充满活力，奋斗者充满一种精神，没有不胜利的可能。炮火震动着我们的心，胜利鼓舞着我们，让我们的青春无愧无悔吧。

春江水暖鸭先知，不破楼兰誓不还。

从任正非的讲话中不难看出，要想占据世界战略高地，华为就需要2000多名高级干部和专家冲到一线去，夺取这个技术高地。任正非说："我们短时间直接选拔了有15~20年研发经验的高级专家及高级干部投入战场，他们对技术深刻的理解能力，与前线将士的战场掌控能力结合在一起，一定会胜利的。"

任正非这样做不仅是为了赢得竞争，同时也为了更好地培养干部，让华为多年形成的奋斗文化和军旅文化发挥积极的作用。

在任正非的多次内部讲话中，奋斗文化都是少不了的，这与任正非的创业经历有关。当年华为创立时，可谓一穷二白，典型的“三无”企业——无名、无钱、无技术。

然而，任正非通过奋斗文化，将华为的服务做到了极致——只要客户有需要，华为人甚至可以凌晨两三点维修设备。时至今日，华为依然保留着所有高管和中层干部手机二十四小时开机的习惯。

正是华为的极致服务，让华为弥补了早期技术方面的弱势，最终赢得了市场。当然，除了奋斗文化，任正非还有较强的军旅文化情结。

众所周知，任正非本人就是从军队转业的高级干部。任正非的从军经历，自然影响了华为的企业文化和管理，如媒体经常报道的“行军床”，以及任正非的各种讲话里诸多的军事术语。

不仅如此，在华为的管理体系中，任正非还借鉴了美国的参谋长联席会议制度，设立轮值 CEO 等体制。

当然，在军队文化中，始终强调服从，强调打胜仗。为了打胜仗，任正非提出，少将也可以随时到前线当连长，带领别动队完成特殊任务和使命。这在很多影视剧中可以印证这样的作战思维。

不管是电视剧《亮剑》中的李云龙，还是《彭德怀元帅》中的开国元帅彭德怀，抑或是《战将》中的韩先楚将军，都始终把作战指挥部设在前线，能够随时亲临前线。

当然，任正非能够让 2000 多名华为高级干部和专家奔赴一线，还源于任正非建立了重视奖励的机制。虽然华为可能是中国股权最分散的公司之一。但是就是这种分散，形成了华为强有力的激励机制，即华为舍得下血本“收买”知识分子。

据公开资料显示，此次被派遣出征的 2000 多名高级干部和专家，人人加薪晋职。显然，任正非深谙此道——华为 95% 以上都是知识分子，华为

2015 年的收入是 3900 亿元，花在员工身上的钱达到 1377 亿，相当于阿里巴巴一年的收入。按 17 万员工计算，平均下来，人均年收入超过 80 万元，年薪百万的员工超过万人，年入 500 万元的人超过千人。

可以说，任正非既能用情怀、梦想去激励这些高级干部和专家，让他们拼命干活，也能给足“金元”。按照以前华为的经验，凡是到艰苦地区和前线奋斗过且出好成绩的员工，华为给予的激励之丰厚超乎所有人的想象。这就是华为在全球的研发中心都能挖到企业顶级人才的核心原因。

2000 多名高级干部和专家被赶到一线战场，意味着腾出 2000 多个岗位空缺，华为的研发体系被彻底激活。

华为的薪酬较为优厚，每年的离职率较低，可能导致华为出现板结的问题，十几年的老员工比比皆是，甚至可能让年轻员工没有出头的机会，“坑”都被“老干部”占了。

这样的问题对于华为来讲的确是一个较为危险的信号。当“老干部”在公司总部待的时间长了，很容易形成山头。更为危险的是，按照他们的薪资水平，早已相对财务自由，缺乏奋斗的动力。

针对此问题，任正非坦言：“不能打仗的主官将会离开岗位。随时准备下台，才能不下台。”这正是任正非介绍了此次 2000 多名高级干部和专家调动的重要原因。“老干部”被赶到一线岗位，重新熟悉用户和市场，探索未知区域，激发出新的活力。而“老干部”一走，年轻员工大量上位（2000 多个高级岗位），也给原来的研发体系带来创新活力。

# 不敢“让听得见炮声的人呼唤炮火”的原因还是人的问题

对于任何一个企业家而言，要想将企业做强做大，就必须敢于放权并善于放权。这不仅是一个伟大领导者能力的表现，同时也是将企业做强做大的前提条件。

然而遗憾的是，中国许许多多的企业家，特别是一些中小企业老板总是不肯放权，事无巨细都事必躬亲，员工也只能唯命是从，中小企业的文化也沦为“一把手文化”——我是老板，我说了算。

如前所述，一部分企业在创业时期，创业者往往都是事必躬亲、全责全能。对初创企业的快速决策，在一定程度上保证了初创企业的快速发展。但是，一旦初创企业发展到了一定的规模，创业者就必须逐步退出一些事务性工作，授权给其他贤能之士，建立团队管理和现代企业制度。否则，如果创业者长期事必躬亲，而又眼中无贤臣，企业也就距离倒闭不远了。

事实证明，一些初创企业的创业者不敢放权，其核心原因还是人的问题，关键点是授权人的信任和受权人的能力。中层提到放权，本质是要调用资源的权利。而高层领导只有在确信员工的能力可以用好、用对这些资源之后，才能做到真正的充分放权。否则即使有了授权也是一纸空文，最终的决策权还是在高层手中。

在很多企业家论坛上，一些企业家公然反对事必躬亲。可能读者也很疑惑，为什么要反对呢？这个主要是因为一些初创企业发展到一定的规模，如果企业家再事必躬亲，不仅会阻碍企业的发展，还会打击企业管理者的责任心和工作激情。

不可否认，事必躬亲这种做法比较适宜初创企业，一旦企业达到一定规模，这样的管理模式就会阻碍企业的发展。因此，作为企业家，如果要想把企业做强做大，甚至基业长青和永续经营，就必须懂得授权。因为对于任何一个企业家来说，要想做大做强，就必须是一个懂得授权、愿意授权并且掌握授权艺术的人，特别是对各级管理者尤其是高级管理者授权。

试想一下，企业家如果每天都陷入事务性工作当中，凡事事必躬亲、亲力亲为，那么企业家可能就没有时间来思考企业的发展战略，更何况由于诸多管理信息往往都不对称，提升企业的业绩无疑就是一句空话。

在欧美等西方国家中，在企业管理方面就非常强调授权管理，并且把授权管理和培养人才联系起来，视为对企业管理者综合考核的一项重要内容。对此，时任欧洲 SAS 航空公司总裁杨·卡尔松（Yang Karlsson）在接受媒体采访时就说过："如果我休假 4 周，没接到公司来的电话，就证明我成功了，说明员工接受了责任并开始决策，反之我就失败了。"

从杨·卡尔松的观点可以看出，欧美等西方国家企业管理者对授权管理的认识还是非常透彻的。不可否认，欧美等西方国家企业的这种管理思想让很多公司特别注重后续人才的培养，而后续人才培养的主要手段之一就是授权。

在欧美等西方国家很多企业的平稳发展进程中，很少出现因为董事长、CEO 的去世或离职而引发企业动荡的现象。比如，苹果创始人史蒂夫·乔布斯去世后，苹果公司在新任首席执行官蒂姆·库克（Tim Cook）的带领下，继续创造了苹果的辉煌业绩，并将苹果公司打造成最受人尊敬的公司。

然而，在中国，在《家族企业长盛不衰的秘诀》培训课上，一个家族企业老板对笔者说："周老师，我是企业的船长，不怕您笑话，如果有一天我出了意外，我们企业的几千个员工就吃不上饭了，我的压力很大。”

不过，这个家族企业老板在讲这番话时，估计是在阐述自己个人的能力，丝毫没有意识到潜藏在深层次的危机。这可能就是中国大部分家族企业短命的一个根源所在。

对于任何一个企业家而言，授权都不是简单地把任务分派给员工，而是具有很多管理艺术的成分在里面。

这就要求企业家在授权时必须懂得授权的艺术。在很多企业管理实践当中，企业家对授权尺度的把握必须准确到位，因为这关系到授权的成败。如果领导者授权不当，那么结果往往会适得其反。

要想将企业做强做大，企业家就必须学会授权管理。因为企业管理的最高境界是“贤者为上，能者为中，工者为下，智者为侧”。

在中国企业界，除了华为，谭木匠创始人谭传华也在进行“让听得见炮声的人呼唤炮火”变革。为此，谭传华将谭木匠总部从重庆搬迁到江苏句容。

总部搬迁后，一线的变化较为明显。在传统的管理体系中，与管理扁平化相对应的就是管理层级结构。所谓“层级结构”，是指金字塔结构。见图 11-1。

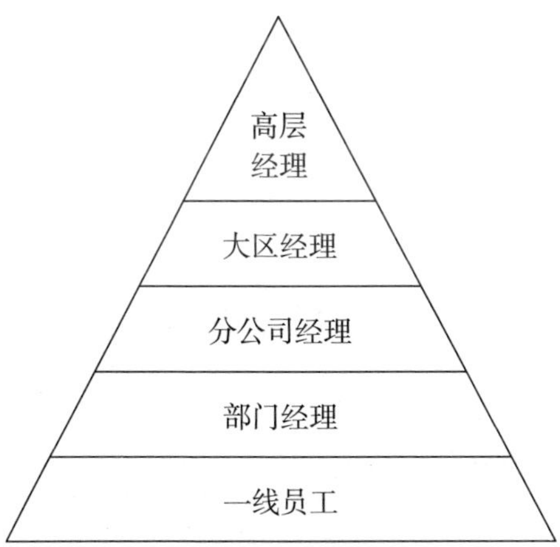


**图 11-1 金字塔形的组织成员配置**

从图 11-1 可以看出，位于塔尖的高层经理，向位于金字塔中上位置的大区经理发布指令，然后通过一级一级的管理层，最终传达到一线员工来执行；相反，一线员工搜集到相关企业信息，同样一层一层向上传递，最后到达最高决策者那里。

为了更为高效，谭力子大幅地压缩了谭木匠的组织层级，以前是“员工—部门负责人—分管副总—总裁—董事长”的 5 个层级，简化为“员工—总监—董事长”的 3 个层级。[①]

此次组织结构变革后，谭木匠不再设大量的中层干部，而是以市场为导向，只有线上、线下、行政 3 个总监。如此变革，意味着谭木匠各部门间的壁垒已被打破，谭木匠的员工都不再只是为职能负责，还要对用户和结果负责。

在以前，繁杂的流程非常缓慢，办事效率极其低下，甚至可能出现两个月都办不下来的情况，如今两天为最大极限。

如今的谭木匠，部门与部门间联系更为密切，也不再是一个信息孤岛，甚至抬头就能交流。[②] 比如，现在，谭传华每周一的 8 点都会出现在公司例会的会议室里。8:00—11:30 这 3 个半小时里，谭传华会坐在谭力子旁边，一起听完工作汇报。一旦发现有需要改进的地方，谭传华直接指出，但是更多时候，谭传华只是在一旁默默地听谭力子处理问题。

为了更好地了解市场，谭力子也会经常走出办公室，与各个部门的员工交流和了解情况。几十分钟就可以了解七八个部门的研发和生产动态。一旦员工有什么情况，或是有什么问题需要汇报，可以直接找总监，总监找不到，也可以马上找到谭力子。一旦发生什么事或者有什么需要解决的事，谭传华说：“我基本上都可以马上知道。”

---

①② 王宇航 . 谭木匠：一个上市公司的管理重建［J］. 商界评论，2017（8）.

在诸多用户的印象中，作为连锁企业的谭木匠，不仅曾经是一个重庆优秀企业，同时也是一个社会责任较强的企业。

如今的谭木匠总部已经迁到江苏句容，距离六朝古都南京仅有 30 多公里。可能读者很好奇，作为直辖市的优秀企业，谭传华为什么要将谭木匠的总部从重庆搬到江苏句容?

面对媒体和研究者的好奇，谭传华在接受媒体采访时解释道："谭木匠搬迁总部，直接原因是看重南京以及整个长三角地区的物流、信息流以及人力资源方面的优势。"

在搬迁总部之前，谭传华已经在句容市设立谭木匠的电商部门。长三角的区位红利促使谭传华决定总部搬迁。

谭木匠的电商部门尝到了甜头，尤其是上海自贸区的设立加速了谭传华融入整个长三角地区的决心。

众所周知，作为企业的经营者，搬迁企业总部多数是为了企业更好地发展。究其原因，经营者往往根据企业自身的战略发展需要，以及战略角度综合考量。在权衡利弊之后，经营者会选择有利的战略。一般来说，搬迁总部对于企业来说，通常有如下几个作用。

（1）借助更优质的平台提升企业的竞争力

一般来说，一个企业搬迁总部大多数是为了获得更好的发展机会，尤其是为了获取大范围内的资源。

当企业发展到一定阶段后，经营者会根据企业的实际情况，决定总部区域的选择。在中外企业中，搬迁总部可谓司空见惯，不是什么新鲜事情。例如，为了提升自己的品牌影响力，欧普照明就曾经将总部从广东中山搬迁到上海。

再如，中国联想集团在收购 IBM PC 事业部后，将企业总部迁往美国纽约（现在设立北京、北卡罗莱纳州罗利市、新加坡 3 个总部），这就是为了更好地获取更多的战略资源。当然，联想通过总部搬迁，具备了更多的全球化竞争思维和管理思维，不仅联想获取到了全球最高的金融、人力、科技资源，同时也实现了并购式国际化的战略意图。

（2）离市场更近

一般来说，企业总部离市场的距离通常有如下三个层面。第一，物理意义上的距离。从这个角度上讲，企业总部必须更贴近市场，其基础是总部所在市场必须是一个潜力巨大、容量巨大的利基市场。第二，组织层面的距离。一般来说，由于当下处于“互联网 +”时代，任何企业的组织架构必须适度扁平化，尽可能将大企业做小，尽量使得企业的每一个“细胞”都贴近一线市场。第三，观念和文化层面的距离。企业在生存和发展的过程中，由于规模做大，观念和文化层面开始官僚化，这就必须保持谦卑的“推销员”和“创业者”的心态。

谭木匠的总部搬迁，更好地解释了上述三个层面的作用：在物理层面，从西南的重庆，搬迁到经济更为发达的句容，谭木匠融入了中国经济最具活力的长三角经济带，可谓“良禽择木而栖”，这不仅有效地推动谭木匠融入更高的经济平台，而且有效地参与市场竞争；在组织层面，谭传华通过谭木匠的组织变革，有效地实现了扁平化；在观念和文化层面，谭传华通过总部搬迁“激活休克鱼”，激发员工和加盟商二次创业的激情。

（3）推动组织变革，解决小企业的大企业病难题

尽管谭木匠的品牌知名度较高，但从规模的角度来分析，谭木匠不过是中国众多企业的一个。谭木匠由于一直保持稳定发展，大企业病被严重忽视。比如，谭木匠的管理层级较多，逐渐叠加的科层制组织结构压制了员工的创造力。同时，信息在组织中的传递路径也受到一些阻碍，甚至还面临“老板成为最后一个知道坏消息的人”的局面。

基于此，搬迁总部就成为谭传华启动组织变革的一个重要的契机。谭传

华把谭木匠的总部搬迁到江苏句容后，减少了原有的管理层级。

目前，在谭木匠的组织架构上，谭传华采用的管理层级是：董事长→总裁→总监（设3名总监，分别负责线上、线下和配套服务）的组织架构。

在沟通方式上，谭传华针对原有沟通方式中存在的信息失真等问题，在原有员工和直线领导沟通的基础上，谭传华鼓励员工横向沟通，提升企业对市场的反应速度。为此，谭传华在接受媒体采访时直言："其实搬总部，最重要的目的还是为了推动变革。"

在互联网这个信息大爆炸的时代，传统企业的旧思维正在被互联网"炸掉"，伟大的企业已不再凭借繁冗、庞大的组织规模，而是依靠极简主义的、扁平化的企业组织构架来完成企业的繁衍和生长。

正因为如此，扁平化企业管理模式备受企业家推崇。学者乐言高度评价了扁平化管理模式："在传统企业中，这种勇气将面临更多的阻力，尤其是来自故步自封想要稳步成功获得高层位置的中层。扁平化组织结构能够确保公司一直在年轻态中冲锋向前。"

究其原因，在传统企业转型的过程中，必然面临扁平化管理，一旦还坚守过去的僵化管理体制，必然会遭遇转型困难，甚至是功败垂成。

在当下，很多传统企业经营者固执地认为，继续沿袭欧美的管理模式就可以让企业基业长青和永续经营，这样的观点显然是有失偏颇的。主要是在互联网+时代，情感化的管理模式更受新时代"八〇后""九〇后"员工的青睐，因为在"八〇后""九〇后"员工看来，个性化的管理模式比僵化的旧有管理体制更能发挥其创造力。

面对这样的浪潮，独立新媒创始人申音认为，互联网思维的核心在于"思维"而非"互联网"，开放、平等、协作、共享、去中心，这些是互联网的核心精神。互联网思维不是做加法，不是说传统企业建个网站、做个App什么的；而是做减法，减掉面向终端用户的不必要的环节，减掉不必要的资源消耗，减掉一切与最终用户直接沟通的障碍，减掉层层加价的中间渠道，减掉组织多余的架构层级。因此，这样的思潮出现在很多企业家论坛上。

不过，一个让传统企业家正在探寻的问题是，作为转型中的传统企业，如何在“互联网＋时代”进行组织变革横亘在传统企业家面前。为此，一些传统企业的经营者延续了欧美惯性的末位淘汰制思维，其理由是，组织变革或淘汰裁员时，底层或业绩最差的员工应该最先被淘汰。不可否认的是，当下很多企业家都这样做，不过，您去问张瑞敏，他给您的答案肯定是否定的。

显然，在组织变革上，海尔最有发言权，海尔通过“去中间管理层”的方式进行企业变革，着实有些出人意料。

面对互联网时代的组织变革，海尔曾大刀阔斧地裁掉了1万名中层管理者，去掉的主要是中间层。张瑞敏为此解释说：“现在有互联网了，所有的信息都可以上传到网上，企业变扁了，很多中间管理层也都要去掉。”

在张瑞敏看来，裁掉了1万名中层管理者不是为了降低成本，而是为了积极地拥抱互联网，向互联网转型。

可能读者会好奇地问：海尔为什么去掉中间层，而不采用末位淘汰制呢？张瑞敏有着自己的理解，对于组织结构的调整方式，张瑞敏形象地比喻“外去中间商，内去隔热墙”，这里的“隔热墙”就是指海尔的中层管理者。

近年来，海尔一直在推进转型和组织变革，海尔的组织结构因此也进行了大范围调整。拥有8万多名员工的海尔变成了2000多个自主经营体。在海尔的企业管理上，主要推进“人单合一”的管理模式，即人是员工，单是用户资源，其意思是把海尔的每个员工及其用户资源连在一起。

在组织结构上，为了适应互联网时代的管理模式，海尔则试图打造一个倒金字塔的组织结构。一般来说，传统企业的组织结构都是金字塔式——在最底层，通常都是一线员工和基层干部；在金字塔的中上端，通常为各层级领导。

在组织机构升级中，海尔则把传统的金字塔式的组织结构倒过来，各层级领导为员工服务，实现组织结构扁平化。海尔通过减少行政管理层次，裁减冗余人员，更方便快捷地服务消费者。因此，对海尔这样一个传统工业组织而言，在互联网时代，实行组织结构扁平化和组织变革，往往去掉的就是中间层。

在非制造业组织中，一般的互联网组织架构，基本上分为三级。如小米公司，其组织架构仅仅包括了合伙创始人、部门、员工三级，不设多余的层级。

在小米公司的三级组织架构中，排在第一级的是合伙创始人，分别有个主管，通常管理着七八个小组，之后就是普通员工。

在小米公司，不管其员工在其他企业就职时的职务是总监，还是经理，但是工程师的级别都是一样的，只要业务能力优秀就会加薪，但是没有晋升的余地。小米的这种做法就是把管理异常扁平化了，职能也拆分得很细。无疑对合伙人的管理能力和综合素质提出了相应的、更高的要求。不过，小米不会让团队过大，稍微大一点的团队就会拆分成几个小的团队。

小米公司办公室的布局就是为了适应这样的组织结构：一层产品、一层营销、一层硬件、一层电商，每一层由一名创始人负责，其目的是增强各自团队的执行力。

在管理模式上，小米公司的做法相对另类：没有其他企业常设的打卡制度，省掉了管理层，甚至还去 KPI 化……当然，正是组织结构升级成就了小米今日的成功。在小米公司，除了 7 个创始人有明确职位，其他人一律都没有明确的职位，唯一的奖励手段就是涨薪。

小米这样的管理模式意味着组织必须更贴近用户，既不是传统的从上往下，也不是平行关系。以前的工程师常常都是闭门造车，而小米公司要求工程师面对用户，必须积极地与用户沟通。

在这样的管理模式中，小米把管理员工的权力从高阶管理层转移到了用户身上，让小米的各个事业部紧紧地盯住用户的各种需求，专心设计和生产小米产品，实现更好的用户体验。

（4）激发二次创业的激情，重塑谭木匠的企业文化

众所周知，当企业总部从一个熟悉的城市搬迁到另外一个完全陌生的地域，所有员工，不管是工作地域，还是生活方式，都发生了较大甚至根本的改变。

当谭木匠总部从重庆搬迁到江苏句容后，意味着一切都要从零开始。当初在重庆高档写字楼办公，办公场地的打扫一般都由清洁工负责，而搬迁之后，这一切都需要员工亲自动手。

搬迁后，总监不得不走出自己独立的办公室，与团队一起坐在大办公室，与队友一起并肩战斗。为此，借助此次搬迁的契机，谭传华既保持了谭木匠原有的“诚实、劳动、快乐”的企业文化，又传承了加盟商和员工在浮躁的时代做一个简单快乐的劳动者。不仅如此，谭传华更强调了创新的重要性，提出“人人都要持续改善”。

在谭传华看来，谭木匠由“管理层”到“发动机”，要求人人都会做梳子，人人都会修梳子，人人是劳动者，真正地践行“诚实、劳动、快乐”，希望在谭木匠看不到一个干部，所看到的都是匠人。

（5）对人力资源进行优胜劣汰

谭传华表示，搬迁总部的过程，检验出对公司有信心、内驱力强、认同公司企业文化和愿景的员工，选择跟随公司来到南京，而信心不足又没有明确职业规划的就选择了被动离开，其实这样一个过程也是对原有人力资源的一个优胜劣汰。谭传华表示，谭木匠总部搬迁到句容之后，公司的运营团队年轻化了，总裁仍然由“八〇后”谭棣夫担任，3 个总监中 1 个“七〇后”，

两个“八〇后”，团队战斗力和创新能力大大提升。[①]

当然，在总部搬迁中，谭木匠为此付出了巨大的成本代价，也是不容忽视的。其成本有如下几个。

（1）放弃原有积累的一些资源

当谭木匠搬迁获得机会的同时，付出相应的沉没成本也是情理之中的事情。可以肯定地说，谭传华在重庆多年耕耘，已经建立了一些社会关系资源、客户资源，甚至和地方政府的关系等。谭木匠总部搬迁到江苏句容后，部分已经积累的资源就必须重新建立。

（2）重新创建团队的成本

在搬迁后，大部分员工不愿意跟随谭木匠举家搬迁到千里之外的江苏句容，还有部分员工出于各种原因选择了离职。

这意味着谭传华在一些员工离职后，必须进行人力资源再配置。在离职员工的处理上，谭传华通过对部分离职员工做出相应的补偿和心理疏导，对于和公司总部一起搬迁的员工，给予异地补贴、住房以及探亲补贴，协助解决员工子女入学等问题，解除了员工在总部搬迁之后的后顾之忧，实现了平稳过渡。[②]

①② 赵晓萌．为什么谭木匠要迁总部［J］．销售与市场，2014（8）．

# 第 12 章 “工者有其股”：让每一个劳动者都有田可耕、有力可使，各归其位、各尽其才

我创建公司时设计了员工持股制度，通过利益分享，团结起员工。那时我还不懂期权制度，更不知道西方在这方面很发达……仅凭自己过去的人生挫折，感悟到要与员工分担责任、分享利益。

——华为创始人　任正非

## “工者有其股”：除了员工激励，还是华为的内部融资行为

公开资料显示，作为世界五百强之一的华为，其股东实际有两个：一个是华为公司工会，代表65596名员工，持股98.93%；另一个是任正非，持股1.07%。

众所周知，作为职工持股会，并不具备法人资格，其不能作为股份有限公司的发起人。这意味着，持有股份的员工不同于《公司法》意义上的股东，因为从2001年起，他们持有华为的股份就改为虚拟受限股。

简单地说，华为的员工持股，实际上是一种虚拟股，员工并非真实意义上的股东。也就是说，持股的华为员工，并不是华为直接的股东，只享有分红权和股份增值权。尽管如此，华为大规模员工持股，不仅是华为公司的治理模式，更是一种创新，除了员工激励，还是华为的内部融资行为。

这也是华为不上市的一个直接原因。对于任何一个企业来说，是否上市，通常有内部原因和外部原因。（1）内部原因。一般包括股权结构、是否缺乏拓展业务所需要的资金以及社会化等。（2）外部原因。在中国大陆地区，一些企业上市的外部原因包括政府某些官员的政绩工程、市场因素等。

众所周知，在中国企业界中，华为创始人任正非和老干妈创始人陶华碧在2014年以来被实业界推崇，因为这两位成功的企业家提出了不上市的共

同理念。尽管他们理念相同，但理由刚好相反。陶华碧的理由是：“我坚决不上市，一上市，就可能倾家荡产。上市那是欺骗人家的钱，有钱你就拿，把钱圈了，喊他来入股，到时候把钱吸走了，我来还债，我才不干呢。所以一有政府人员跟我谈上市，我跟他说，谈都不要谈！免谈！你问我要钱，我没得，要命一条。”

媒体大篇幅地报道了贵州老干妈辣酱创始人陶华碧坚决不上市，甚至认为上市是骗人家的钱的行为，从而把这位企业家推向了舆论的浪尖。

反观陶华碧的创业历程不难发现，陶华碧 1996 年创办了贵阳南明老干妈风味食品有限责任公司，经过 20 多年的发展，这家企业将不足 10 元的辣椒酱锻造成登上美国奢侈品销售网站的国际品牌，而陶华碧也成为中国最大辣椒酱企业的掌门人。

据英国《每日电讯报》报道，任正非在伦敦的一个新闻发布会上对媒体表示：“事实上，公众股东是贪婪的，他们希望尽早榨干公司的每一滴利润。而拥有这家公司的人则不会那么贪婪……我们能超越同业竞争对手，原因之一就是没有上市。”

在任正非看来，股东是贪婪的，他们希望尽早榨干公司的每一滴利润。任正非表示：“因为公司的拥有者并不贪婪，因此华为也能留在所享受的位置。但是我不可能永远活着，也许有一天华为人也会变得贪婪。这就是华为能够赶超业界同行的原因之一。华为的员工也是公司的所有者，因此他们往往会着眼长远，不会急于套现。”

华为拒绝上市，也有内部原因。公开数据资料显示，由于华为的股权不集中，企业上市意味着管理层控制权可能被剥夺，尽管这样的可能性非常小，但是这样的事件屡屡发生。另外，持有原始股的股东众多，一旦企业成功上市，众多成为亿万富翁员工的工作激情就可能丧失。

不可否认，华为不上市的一个最重要的原因，就是华为流动资金雄厚，不缺钱。众所周知，一旦某个企业不缺乏扩张或者运营资金，也就没有上市圈钱的动力。因为一旦企业上市之后，企业的战略决策和投资动向，以及诸多企业信息必须公开，同时还得接受股东和媒体的监督。这些企业信息透明化之后，对一个默默崛起的民营企业而言显然是不利的。

关于华为为什么不上市的问题，任正非解释说："猪养得太肥了，连哼哼声都没了。科技企业是靠人才推动的，公司过早上市，就会有一批人变成百万富翁、千万富翁，他们的工作激情就会衰退，这对华为不是好事，对员工本人也不见得是好事，华为会因此而增长缓慢，乃至于队伍涣散。"

几年前，耶鲁大学杰克逊全球事务学院高级研究员、时任摩根士丹利首席经济学家、摩根士丹利前亚洲区主席斯蒂芬·罗奇（Stephen Roach）率领一个机构投资团队访问华为总部。

对于这样的事情，很多中国企业家的常见做法是把斯蒂芬·罗奇一行视为上宾，作为企业的创始人全程陪同，甚至还将其录像，以此来提升公司的知名度和美誉度。但是，一向"以客户为中心"的任正非没有这样做，甚至都没出面会见和接待斯蒂芬·罗奇，仅仅是派了负责研发的常务副总裁费敏接待。

事后，在中国处处受热捧的斯蒂芬·罗奇黯然神伤，有些失望地对媒体说："他（任正非）拒绝的可是一个3万亿美元的团队。"

当媒体把斯蒂芬·罗奇的失望刊载在媒体上时，任正非的态度很坦诚，解释道："他罗奇又不是客户，我为什么要见他？如果是客户的话，最小的我都会见。他带来机构投资者跟我有什么关系呀？我是卖设备的，就要找到买设备的人……"

在任正非看来，华为之所以能够取得如今的成功，不全是因为技术，也不是因为资本，唯有客户。

事实证明，正是因为有了客户的支持和认可，华为才走向持续的成功。

这就是任正非没有会见和接待斯蒂芬·罗奇的真正原因。

任正非的观点很明确，华为就是要培育客户至上的企业文化和核心价值观，而不是日常企业家崇尚的资本运作和技术主导的企业文化。事实证明，华为能够存活 30 多年，之所以没有坠入“流星”的行列，是因为任正非远离资本力量的诱惑与控制。资本市场可以快速地催肥一个企业和一批创业家，也可以轻而易举地摧毁它们和他们的“虚幻的成功”。

## 华为员工持股的三个阶段

华为成立于1987年，当时注册资本2万元，任正非只有3000多元。在《一江春水向东流》一文中，任正非回顾了华为员工持股制度的产生过程。

任正非写道："我创建公司时设计了员工持股制度，通过利益分享，团结起员工。那时我还不懂期权制度，更不知道西方在这方面很发达……仅凭自己过去的人生挫折，感悟到要与员工分担责任、分享利益。"

在任正非看来，创建员工持股制度，实现员工持股，其目的还是更好地团结起员工、更好地提升华为的竞争力，这就是华为员工持股计划演变的初衷。

不可否认的是，任正非这样做其实是一个摸着石头过河、与顶层设计相结合的过程。在这个过程中，华为员工持股经历了三个阶段。

第一，1990年——探索阶段。在创业初期的任正非，为了提升华为的竞争优势，一种潜意识的、自发形成的分享意愿已经在任正非心中成为日后员工持股计划的雏形。

1990年，华为第一次提出内部融资、员工持股的概念。在当时，任正非没有过多地想要制定制度设计，也不是借鉴世界跨国公司的员工持股计划。任正非所提的员工持股在当时并不是国际意义上的员工持股，原因主要有两点：一是任正非所提的员工内部持股，作为员工来说只有分红权，没有公司法上股东所享有的其他权利；二是员工所持股份在退出公司时价格是按照购股之初的原始价格回购，员工也不享有股东对股票的溢价权。

第二，1997年——规范阶段。基本特征是工会代持。

第三，2001年——重新设计。在此阶段，虚拟饱和受限股，创始人与工会共持。直到2001年改为虚拟受限股以前，该阶段的华为员工持股的基本做法是：凡是工作1年以上的员工均可以购买公司的股份；购买数量的多少取决于员工的级别（13~23级）、绩效、可持续贡献等，一般是公司在年底通知员工可以购买的股份数；员工以工资、年底奖金出资购买股份，资金不够的，公司协助贷款（个人助业贷款）；购买价格为1元/股，与公司净资产不挂钩，员工购买股份后的主要收益来自公司分红，分红情况与公司效益挂钩。员工离职时，公司按照员工原来的购买价格即1元/股回购；除1995年和1996年公司曾给员工持股证明外，其他年份就不再给员工持股证明，但员工可以在公司查询并记录自己持股量的多少；工会（下面有持股委员会）代表员工管理持有的股份，是公司真正的股东，员工自身并没有《公司法》意义上股东完整的权利。①

在此阶段，任正非借鉴了世界500强企业员工持股计划的理念与实践，华为开启了员工持股计划顶层设计的引擎。

2001年，华为才真正实现了能够进入员工持股计划系列中的虚拟受限股，也就是说，如今的华为员工持股计划真正是从2001年开始的。在此阶段，华为员工持股计划包含几个关键词：一是虚拟的；二是华为的员工持股计划是饱和的，是按照职位评价，职位等级设定了上限；三是受限股，不交易、不转让、不继承。

综上所述，华为员工持股方式非常具有中国特色。2001年年底，在创

① 张敬峰.华为员工持股的做法与启示［N］.中国航空报，2013-07-18（007）.

始人任正非的强力推行下，华为公司实行员工持股改革：新员工不再派发长期不变 1 元 1 股的股票，而老员工的股票也逐渐转化为期股，即所谓的“虚拟受限股”。

所谓“虚拟受限股”（以下简称虚拟股），是华为投资控股有限公司工会授予员工的一种特殊股票。每年，华为根据员工的工作水平和对公司的贡献，决定其获得的股份数。员工按照公司当年净资产价格购买虚拟股。拥有虚拟股的员工，可以获得一定比例的分红，以及虚拟股对应的公司净资产增值部分，但没有所有权、表决权，也不能转让和出售。在员工离开企业时，股票只能由华为控股工会回购。

在华为看来，虚拟股比原来的持股方式更为合理。华为规定：根据内部评价体系，员工的虚拟股每年可兑现 1/4，价格是最新的每股净资产价格。但是，对中高层的兑现额度则做了另外的规定，只能每年兑现 1/10，除非离职；并且在离开后，还要经历公司严格的 6 个月审核，确认不出现创业公司的产品与华为构成同业竞争、没有从华为内部挖过墙脚等条件中的任何一条后，方可全额兑现。①

---

① 张敬峰．华为员工持股的做法与启示［N］．中国航空报，2013-07-18（007）．

# 利用股权安排，形成公司的中坚力量，保持对公司的有效控制

在中国的标杆企业中，华为是一个较为独特的企业案例，特别是在激励员工方面，任正非的创新做法引领着中国企业的管理模式。

为了激励员工，任正非坚决不让华为上市，宁可选择把利润分给员工，甚至把 98.93% 的华为股权开放地分派给员工。作为创始人的任正非，仅仅拥有华为公司 1.07% 的股权。除了不能表决、出售、拥有股票，股东不仅可以享受因为华为高速增长带来的分红与股票增值的利润，同时华为还把每年所赚取的净利，近乎百分之百地分配给股东。

如 2010 年，华为的净利润达到 238 亿元，当时配出了一股 2.98 元的股息。假设一名在华为工作 10 年、绩效优良的资深主管，配股竟然可以高达 40 万股，那么当年就能拿到 119.2 万元股息。这样的收入，甚至比许多跨国公司的高级经理人还要高一些。

正是任正非的“肯给”激活了华为人的工作热情。时任华为 LTETDD 产品线副总裁的邱恒说：“我们不像一般领薪水的打工仔，公司营运好不好，到了年底会非常感同身受，你拼命的程度，直接反映在薪资收入上。”

2009 年，由于次贷危机引发全球金融海啸，世界经济的整体环境不佳，华为公司的成长幅度无疑不如以往。尽管邱恒的底薪没有变化，但是公司分

红因为公司成长幅度放缓而跟着缩水。隔年，华为的净利创下历史新高，邱恒的分红就超过前一年的 1 倍。

这等于把公司的利益与员工的个人利益紧紧地绑在一起。在华为，一个外派非洲的基础工程师如果能帮公司服务好客户，争取到一张订单，年终获得的配股额度、股利，以及年终奖金总额，会比一个坐在办公室但绩效未达标的高级主管还要高。

据了解，即使一个刚入华为公司的本科毕业生，其起薪就比一般的企业要高很多。通常，该新员工第一年的月薪为 9000 元，再加上年终奖金，其年薪至少在 15 万元以上。

当工作 2~3 年，就具备配股分红资格。在华为，有一种“1+1+1”的说法，具体就是，工资、奖金、分红的收入比例是相同的。随着年资与绩效增长，华为员工的分红与奖金的比例将会大幅地超过基本工资。这样的做法即使在被誉为重视员工福利的欧美企业中都十分罕见。然而，华为这样做，目的还是为了让华为“活下去”。

“华为的成功归根结底是华为能吸引、凝聚、用好人才！”曾在华为工作 7 年的张利华如是评判华为的成功秘籍。

在张利华看来，任正非用员工持股（早期叫内部股票）的激励手段，将所有华为人才的“钱程”与华为的生存发展捆绑在一起，“一荣俱荣，一损俱损”。

如前所述，华为的内部股权计划最早始于 1990 年。在当时，完全出于任正非本人的分享意愿。1995 年 6 月，时任国家科委主任的宋健视察华为时，对任正非说：“人是非常重要的，你们很团结。”

任正非的回答让宋健很吃惊，任正非说：“我们 1000 多人都很团结。”

宋健高度评价任正非：“这就是政治，企业是应该由政治家来领导的。”

大量事实证明，中国企业从来不缺少优秀的管理者，但是缺少把他们有效地组织起来去实现一番事业的领导者。

纵观华为，当初只有6个人，到今天拥有17万多名全球员工、年营收6000亿元的民营跨国巨头，一个重要原因是任正非具有如政治家般广阔的胸襟和整合人才资源的能力，特别是任正非在1990年建立的一种让所有参与企业建设的知识分子共享企业发展成果的激励机制——员工持股计划，有效地把知识分子的积极性调动起来。

不可否认的是，员工持股计划的目的有如下个四个方面：第一，奖励为股东创造价值的人；第二，使股东的利益与员工的利益紧密结合，而不是形成在企业内部不同的利益集团和利益群体；第三，让员工分担公司风险；第四，让员工分享公司的成功。

当我们翻阅《华为基本法》时发现，其中就明确提出了员工持股问题："我们实行员工持股制度：一方面，普惠认同华为的模范员工，结成公司与员工的利益与命运共同体；另一方面，将不断地使最有责任心与才能的人进入公司的中坚层。"

在《华为基本法》中，相关内容阐释了华为员工持股计划的宗旨："华为主张在顾客、员工与合作者之间结合利益共同体。努力探索按生产要素分配的内部动力机制。我们坚决不让雷锋吃亏，奉献者定当得到合理的回报。以客户为核心，以奋斗者为本，长期坚持艰苦奋斗。我们是用转化资本这种形式，使劳动、知识，以及企业家的管理和风险的积累贡献得到体现和报偿：利用股权的安排，形成公司的中坚力量和保持对公司的有效控制，使公司可持续成长；知识资本化与适应技术和社会变化的有活力的产权制度，是我们不断努力探索的方向；我们实行员工持股制度。一方面，普惠认同华为的模范员工，结成公司与员工的利益与命运共同体。另一方面，将不断地使最有责任心与才能的人进入公司的中坚层；我们实行按劳分配与按资分配相结合的分配方式……"

# 第 13 章 “雄心万丈的穷小子”：“只要你有雄心壮志，未来一定能衣锦还乡”

我们非常欢迎雄心万丈的穷小子，你现在一文不名没关系，只要你有雄心壮志，未来一定能衣锦还乡。

——华为创始人　任正非

# 不怕“穷小子”，就怕没有雄心壮志

在挑选人才时，每个企业家都有自己的做法。关于如何挑选应届毕业生时，任正非的观点很独到。他说：“我们非常欢迎雄心万丈的穷小子，你现在一文不名没关系，只要你有雄心壮志，未来一定能衣锦还乡。”

在任正非看来，作为华为人，必须拥有雄心壮志，否则不符合华为的标准。对于任何一个企业管理者来说，引进骨干员工必须是适合自己企业的，否则，即使骨干员工再优秀都不会发挥太大的作用。特别是在留住骨干员工的问题上，就更应该绝对执行选拔原则和标准，因为不符合企业价值观的骨干员工是留不住的。

这就要求企业管理者在引进骨干员工时，必须执行选拔原则和标准，否则就无法准确地选择出与企业价值观相符的骨干员工。

客观地说，由于中国国情特殊，大部分微型企业都没有这样的衡量工具和标准。因此，任正非倡导的是，企业管理者在引进骨干员工的过程中必须绝对执行选拔原则和标准，这样才能更好地提升企业的整体优势。

在联想集团，在引进职业经理人时，其要求相当苛刻。在梳理联想人力资源管理时看到，联想曾经在引进高级人才时，提出过六个标准。在今日，该标准已经成为联想选拔高级经理必须遵守和执行的准则，这六个标准如下。

第一，共同信念和价值观标准；第二，忠城与牺牲精神；第三，审时度势、独当一面的指挥能力；第四，搭班子、建队伍的能力；第五，团结多数、使集体成员通力合作的协调能力；第六，孜孜不倦、吐故纳新的学习能力。

在联想创始人柳传志看来，只有符合这六个标准，才能真正成为一个领军作战、制定战略的将军。

在联想集团，创始人柳传志在选人时，总是坚持两条标准。

第一，看该员工有没有上进心。柳传志解释说："年轻人能不能被培养，上进心强不强非常重要。企业真正要做好，总得有一批这样的人，真的是为国家、为民族富强，把职业变成事业的人。纯粹求职的人，在联想没有大的发展。"

第二，看该员工悟性强不强。柳传志解释说："什么能妨碍悟性的发展呢？是自己对自己的评价过高。悟性无非是善于总结的意思，但过高地看自己，容易忽视别人的经验，不能领悟别人的精彩之处，这种人挺多。有很多人有一定的能力，聪明而已，达不到智慧的程度。有的人个性很强，强到外力砸不破的时候，这个人也没有培养前途。"

作为世界上成功的跨国公司，他们不同的选拔人才标准将影响一个企业员工的认同感及其责任心。

众所周知，中外成功的跨国公司，都是在世界上处于领先地位的企业，它们的成功在很大程度上取决于员工的优良素质和条件。其独特的优势要求绝对执行选拔原则和标准。

比如在世界银行，但凡应聘的员工，起码换过 3 次或者 3 次以上的工作。在世界银行人力资源部经理看来，对于经常需要考察、验资的银行人员来说，了解企业的信息尤为重要，因此，员工在应聘世界银行时，其基本条件是至少要有 3 种以上不同行业的工作经历。

# 华为员工万人年薪百万，千人年入 500 万

2006 年，笔者给 M 企业做内训时，一个 L 姓中层干部无意间说道："我们老板经常给我洗脑，要有奉献精神，连出差的机票都不给报销，有时为了签单，机票的钱还是我们自己出。您是她请来的顾问，能否给我们提提建议，聊聊报销机票的事情。"

笔者觉得这个要求非常合理，于是就爽快地答应了。在老板开车去机场送笔者的途中，笔者特地谈到这事。这个老板似乎有点吃惊地说："好钢用在刀刃上，现在是发展阶段，不能由着他们的兴致来。"

笔者告诉这位老板，笔者在出差的飞机上，经常遇到华为的员工坐在我边上。该老板叹气地说："华为是大企业，能出得起这份钱。"

不久，L 姓中层干部辞职了，自己开始创业，如今 10 年过去了，规模早已超过原东家。两个月前，他们二人在北京出差，我们小聚时谈及此事，两人都尴尬不已。这样的案例其实举不胜举。与之相反的是，华为却花重金激活华为人的工作激情。

在业界，华为的高薪已经成为一个行业标签。据华为年报显示，华为员工 2015 年人均收入达到了 58 万元（见图 13-1），如此高薪酬着实让其他行业的员工羡慕嫉妒恨。

**区域分部的收入信息**

| | 2015年 人民币百万元 | 2014年 人民币百万元 |
|---|---|---|
| 中国 | 167,690 | 108,674 |
| 美洲 | 38,976 | 30,844 |
| 亚太 | 50,527 | 42,409 |
| 欧洲中东非洲 | 128,016 | 100,674 |
| 其他 | 9,800 | 5,596 |
| 合计 | 395,009 | 288,197 |

**收入**

| | 2015年 人民币百万元 | 2014年 人民币百万元 |
|---|---|---|
| 销售设备和提供劳务 | 394,922 | 288,116 |
| 租金收入（附注28(b)） | 87 | 81 |
| | 395,009 | 288,197 |

截至2015年12月31日止年度，本集团收到以完成特定研发项目为条件的政府补助人民币846百万元（2014年：人民币521百万元）。这些补助在合并财务状况表内初始确认为递延政府补助，在相关研发费用发生的期间内，以系统的方法摊销计入合并综合收益表。截至2015年12月31日止年度，本集团在当期损益中确认附条件的政府补助共计人民币1,537百万元（2014年：人民币611百万元）。

**雇员费用**

| | 2015年 人民币百万元 | 2014年 人民币百万元 |
|---|---|---|
| 工资、薪金及其他福利 | 80,214 | 61,540 |
| 时间单位计划 | 8,923 | 963 |
| 离职后计划 | | |
| - 设定受益计划 | 2,451 | 1,918 |
| - 定额供款计划 | 9,246 | 7,387 |
| | 11,697 | 9,305 |
| | 100,834 | 71,808 |

**图 13-1 华为 2015 年年报提供的员工支付总额数据**

华为 2015 年的工资、薪金、福利以及时间单位计划的开支将近 880 亿元，加上离职计划，华为总支付的薪酬接近 1008 亿元，如果按照当时的 17 万人计算，那么华为员工的人均收入就是 58 万元。2016 年，华为员工的人均收入超过 73 万元。

根据华为的财报数据显示：2016 年华为支付给员工的工资费用为 941.79 亿元，除以 18 万名员工，平均每人年薪所得为 523216 元，加上净利润分红 379 亿，每人 2016 年大概分红得 210555 元。计算得出：2016 年华为 18 万员工的年均总收入为 73.3771 万元。

# 第 14 章 “绝不让雷锋吃亏”：华为价值评价标准不要模糊化，坚持以奋斗者为本，多劳多得

华为价值评价标准不要模糊化，坚持以奋斗者为本，多劳多得。你干得好了，多发钱，我们不让雷锋吃亏，雷锋也是要富裕的，这样人人才想当雷锋。在这 3~5 年里，公司的改革任务是很重的，有可能促使我们在战略机会中获得前进，我们要鼓舞这个队伍前进。这些年人力资源体系工作总体做得还不错，金字塔模型稳定，他们还要改良，希望爆发潜在的力量。我们导向冲锋，从基层员工到中层、高层的干部导向都是成功，大家高高兴兴去冲锋。有些员工累了，可以休息休息，不拿工资几个月，恢复了再冲锋。

——华为创始人　任正非

# “干得好了，多发钱，我们不让雷锋吃亏，雷锋也是要富裕的，这样人人才想当雷锋”

奋斗就是付出，付出了才会有回报。多年来，华为始终秉承“绝不让雷锋吃亏”的理念，建立了一套基本合理的评价机制，并基于评价给予激励回报。

在华为，员工被视为宝贵的战略资源。华为由此为员工提供了业界拥有竞争力的薪酬，不仅如此，员工的回报还基于岗位责任的绩效贡献。

任正非认为，由于华为价值评价标准始终坚持以奋斗者为本，多劳多得，为人才的流动提供了动力。在内部讲话中，任正非说：“你干得好了，多发钱，我们不让雷锋吃亏，雷锋也是要富裕的，这样人人才想当雷锋。在这 3~5 年里，公司的改革任务是很重的，有可能促使我们在战略机会中获得前进，我们要鼓舞这个队伍前进。这些年人力资源体系工作总体做得还不错，金字塔模型稳定，他们还要改良，希望爆发潜在的力量。我们导向冲锋，从基层员工到中层、高层的干部导向都是成功，大家高高兴兴去冲锋。有些员工累了，可以休息休息，不拿工资几个月，恢复了再冲锋。我看到有人穿马甲发帖说，配 40 万股以下豁免退休人员的责任与义务，我觉得可以理解。但配超过 40 万股以上人员，如果觉得打仗累了，就要真正去好好休息休息。不能既享受华为分红，又去外面二次创业，那是不行的。”

为此，任正非举例说："以前我们总是叫地区部总裁为老总，有人说'不要给我贴标签，我还不到 40 岁，以后不要叫老总，要叫小总'。所以，各层级干部不能惰怠，还要唤发出青春来，生命不息，冲锋不止，一定要战斗到我们抢占到战略机会！"

由此可以看出，奋斗者文化已经深入华为员工的内心。为了奖励奋斗者，任正非说道：

我们已经在公司干部大会讲过，首先肯定金字塔模型这么多年对华为公司平衡的伟大贡献，接着还要继续改良，面对项目的复杂程度，一定要使金字塔模型异化。破格提拔是基于贡献、责任、牺牲精神。

其次，华为公司到底是肯定英勇作战的奋斗者，还是肯定股东？外界有一种说法，华为股票之所以值钱，是因为华为员工的奋斗，如果大家都不努力工作，华为股票就会变成废纸。是你们在拯救公司，确保财务投资者的利益呢！作为财务投资者应该获得合理回报，但要让"诺曼底登陆"的人和挖"巴拿马运河"的人拿更多回报，让奋斗者和劳动者有更多利益，这才是合理的。

华为确保奋斗者利益，若你奋斗不动了，想申请退休，也要确保退休者有利益。不能说过去的奋斗者就没有利益了，否则以后谁上战场呢？但是若让退休者分得多一点，奋斗者分得少一点，傻帽儿才会去奋斗呢！因为将来我也是要退休的，如果确保退休者更多利益，那我应该支持这项政策，让你们多干活，我多分钱，但你们也不是傻帽儿。因此价值观不会发生很大变化，传这种话的人都是落后分子。华为将来也会规定，拥有一定股票额的人员退休后不能再二次就业。

在很多内部讲话中，任正非都把艰苦奋斗植入员工的动员令中。前不久，网上传言说华为 34 岁就退休，任正非为此回应道：“网上传有员工 34 岁要退休，不知谁来给他们支付退休金？我们公司没有退休金，公司是替在职员工买了社保、医保、意外伤害保险等。你的退休得合乎国家政策。你即使离职了，也得自己去缴费，否则就中断了，国家不承认，你以后就没有养老金了。当然你们也可以问在战乱、瘟疫等地区英勇奋斗的员工，征集他们愿不愿意为你们提供养老金，因为这些地区的奖金高。他们爬冰卧雪、含辛茹苦，可否分点给你。华为是没有钱的，大家不奋斗就垮了，不可能为不奋斗者支付什么。30 多岁年轻力壮，不努力，光想躺在床上数钱，可能吗？”

在任正非看来，只有艰苦奋斗才能战胜竞争对手，才能锻炼自己的队伍。客观地讲，任正非这样的回应足以说明，在华为，只有艰苦奋斗的员工才能赢得尊重，但是华为也绝不亏待艰苦奋斗的员工。因为任正非认为，绝不让雷锋式员工吃亏。

关于“不让雷锋吃亏”的问题，《徐直军 2016 年 7 月 13 日与应届班新员工座谈的纪要》中就有这样的对话：

提问：华为有句话是“不让雷锋吃亏”，但是一个团队中可能每个人都觉得自己是雷锋，公司如何判断一个团队里谁是真正的雷锋？

徐直军：“不让雷锋吃亏”的核心逻辑，就是要让贡献者有回报，而且贡献得越多回报就越多。

公司的核心价值观之一是“以奋斗者为本”，为什么是“以奋斗者为本”而不是“以人为本”？因为“以人为本”是不管干不干活都要以“人”为本，而“以奋斗者为本”强调以“努力干活的人”为本。公司所有的人力资源政策都是围绕“奋斗者”来制定的，无论是工资、奖金、TUP 还是虚拟股权，都是围绕“贡献”这两个字，在华为公司只有做出了贡献才会有回报。

至于如何判断谁贡献得多，团队主管应该是看得清楚的，首先干没干活是清楚的，然后干的活有没有用、对团队目标是真贡献还是假贡献是清楚的，贡献得多或少也是能看清楚的。

在这段对话中，徐直军详细地介绍了华为“不让雷锋吃亏”的真正内涵，以及为何华为的核心价值观之一是“以奋斗者为本”。

## “只要在内、外合规的边界内达到目标，抢的粮食越多，分的奖金越多”

2017年12月17日，荣耀员工在华为内部论坛心声社区发帖声称，华为宣布荣耀团队在2017年第四季度发放奖金时只有一个利润额要求，服务用户越多奖金越多，上不封顶。见图14-1。

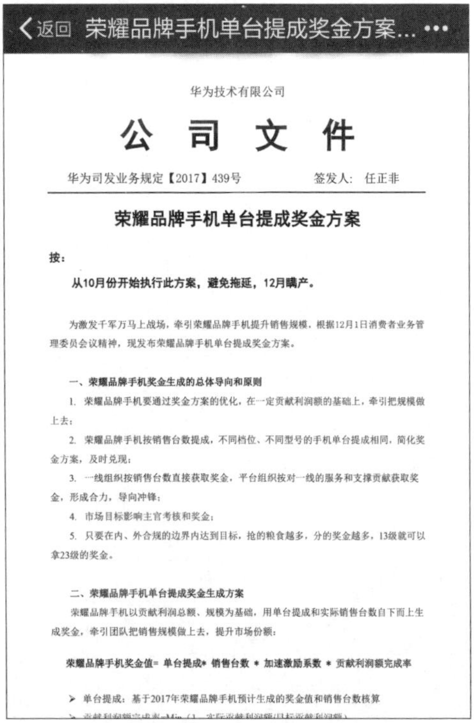

返回 荣耀品牌手机单台提成奖金方案...

华为技术有限公司

公 司 文 件

华为司发业务规定【2017】439号　　签发人：任正非

荣耀品牌手机单台提成奖金方案

**按：**

**从10月份开始执行此方案，避免拖延，12月瞒产。**

为激发千军万马上战场，牵引荣耀品牌手机提升销售规模，根据12月1日消费者业务管理委员会议精神，现发布荣耀品牌手机单台提成奖金方案。

**一、荣耀品牌手机奖金生成的总体导向和原则**

1. 荣耀品牌手机要通过奖金方案的优化，在一定贡献利润额的基础上，牵引把规模做上去；
2. 荣耀品牌手机按销售台数提成，不同档位、不同型号的手机单台提成相同，简化奖金方案，及时兑现；
3. 一线组织按销售台数直接获取奖金，平台组织按对一线的服务和支撑贡献获取奖金，形成合力，导向冲锋；
4. 市场目标影响主官考核和奖金；
5. 只要在内、外合规的边界内达到目标，抢的粮食越多，分的奖金越多，13级就可以拿23级的奖金。

**二、荣耀品牌手机单台提成奖金生成方案**

荣耀品牌手机以贡献利润总额、规模为基础，用单台提成和实际销售台数自下而上生成奖金，牵引团队把销售规模做上去，提升市场份额：

**荣耀品牌手机奖金值= 单台提成* 销售台数 * 加速激励系数 * 贡献利润额完成率**

➢ 单台提成：基于2017年荣耀品牌手机预计生成的奖金值和销售台数核算

图14-1 《荣耀品牌手机单台提成奖金方案》

其后，互联网上就有一份《荣耀品牌手机单台提成奖金方案》内部文件传播开来，间接印证了此事。

根据文件显示，该文件由任正非签发。为此，外界解读为华为为了打造荣耀品牌手机，提升其销售规模。

在该方案中，显示荣耀品牌手机按销售台数提成，不同档位、不同型号的手机单台提成相同。

计算方法是：荣耀品牌手机奖金值 = 单台提成 × 销售台数 × 加速激励系数 × 贡献利润额完成率。

按照这样的算法，一线组织按销售台数直接获取奖金，平台组织则按对一线的服务和支撑贡献获取奖金。

该方案还显示："只要在内、外合规的边界内达到目标，抢的粮食越多，分的奖金越多，十三级就可以拿二十三级的奖金。"

该方案从 2017 年 10 月开始执行。毫无疑问，荣耀出台该提成奖金方案，就是为了提升荣耀手机的销售规模。华为内部员工对此评论称，第一次听说公司有这种上不封顶和按照销量计发奖金的激励政策。

# “奖金激励机制要更多向那些创造绩效的员工倾斜”

在华为，始终坚持把奖励和机会向成功者、奋斗者、业绩优秀者倾斜，大胆倾斜。任正非说：“我们要拉开差距，后进者就有了奋斗的方向和动力，组织才会被激活。”

在任正非看来，华为的绩效管理主要是按照价值贡献来激发员工的积极性，让华为这辆列车跑得更快，即华为的绩效管理机制能够有效地起到激励员工、提高员工工作绩效的作用，那是因为华为始终倡导的“优胜劣汰”制度。

任正非说：“华为不养懒汉，价值分配更多地向雷锋、向高绩效者倾斜，拉开先进与后进员工之间的薪酬差距，通过这种差距，激励后进员工努力奋斗。”

然而，很多企业的绩效管理背离这个逻辑。尽管制定了绩效考核制度，但经过绩效考核后，员工的工作积极性反而大大降低了。

为什么会出现这种“负激励”的情况呢?

原因一，员工绩效考核优异时，漫天承诺或者开空头支票。在实际的管理中，企业管理者激励员工本是一件双赢的事情，然而笔者在给一些企业做内训时发现，一些企业管理者总是开空头支票激励员工，结果使得激励变成了一件影响极其恶劣的坏事情。

在某科技公司，就出现了这样的怪现象。对于该科技公司的销售总监王×× 来说，销售压力越来越大，特别是一到旺季，王×× 便心急如火。

究其原因，该科技公司整个销售年度的业绩表现关键就看能否抓住这旺季的机会了。此刻，尽管资金回笼和销售开单任务问题，让王×× 头痛，但是旺季还是给予了王×× 解决问题的机会。

面对棘手的任务，王×× 还是想给该科技公司交上一份令人满意的答卷。于是，号召市场营销部所有成员一起共同奋斗。其间，王×× 也难免会对个别员工进行"特别"鼓励。

今年夏天，该科技公司的销售旺季又开始了。为了抢占更多的市场份额，王×× 私下召开几次动员大会，激发销售员的工作热情，并对销售员承诺说："诸位兄弟姐妹，我们辛苦干完这 100 天，旺季过后我们去贵州旅游，去看看遵义会议会址，了解一下毛主席是如何四渡赤水的。"

面对王×× 激情洋溢的动员令，销售员的士气被鼓舞起来。然而，当销售员"四渡赤水"——干了 100 天的销售旺季后，王×× 却忘了当初的许诺——去贵州旅游，去看看遵义会议会址，了解一下毛主席是如何四渡赤水的。

不仅如此，在会后，王×× 拍拍销售员李× 的肩膀说："你在这里好好干，旺季结束后我提拔你做部门经理。"

李× 听了销售总监的话，拼命地打电话寻找客户签合同。

该科技公司的销售业绩超过去年同期 230%。公司的销售业绩超出预期，销售总监却没有兑现战前的承诺，去贵州旅游也未能成行，更有甚者，王×× 竟然把老板奖励给市场营销部的佣金和奖金中饱私囊，仅仅拿出一小部分发给销售员，自己却独占大头。

销售员见业绩大增，销售总监却没有兑现当初的激励承诺，特别是李×，在苦苦地等待3个月之后，主动地找销售总监理论。让李×气愤的是，王×× 对李×说："对不起，我说过那话吗？可能是你听错了。"

气愤地回到办公室的李×，将王×× 没有履行的激励诺言在同事面前一一举出，销售员都觉得被王×× 戏弄了。越想越火的销售员一气之下决定集体辞职，3个月后，该科技公司由于大量客户被销售员带走，濒临倒闭。

事实证明，在实际的激励管理中，一旦员工完成预期的业绩，必须兑现之前的承诺，否则会激发员工的怠工情绪。

在上述案例中，销售总监王××不兑现激励承诺和分配不公，招致销售员的"集体造反"。一旦遭遇下属员工集体辞职，那么不论是销售总监，还是其他部门总监，其地位必然是岌岌可危了。

在员工激励的问题上，企业管理者应当注意，在对员工许诺激励不要犯"开空头支票"的错误。

研究发现，在中国诸多企业管理者，特别是中小企业管理者，他们在制定激励制度时，非常崇洋媚外，迷信外国的管理制度，甚至认为外国的月亮都比中国的月亮要圆。

在这样的意识下，就容易完全照搬照抄世界五百强企业或者其他公司成功的激励制度。当然，这是企业管理者在制定激励制度或者实施激励制度时最容易也是经常犯的错误。

企业管理者这样做，不仅严重损害了企业管理，还阻碍了企业激励规划的发展。随着世界经济一体化的纵深发展，特别在市场竞争激烈的今天，越来越多的企业管理者认识到，在竞争中取胜的决定性因素还是取决于员工。根据行动科学理论的员工绩效函数，员工绩效 = 工作能力 × 激励程度 × 工作环境。

从这个员工绩效公式可以看出，在企业管理中，任何一个员工的工作绩效与其被激励程度有着很大关系，也有人认为，工作绩效等于能力乘以激励。

其实，在很多企业中，员工做出贡献的大小，不仅取决于员工自身的工作能力、所取得的学历、工作经验、解决问题的能力水平和工作环境，还取决于企业领导者对员工所采取的激励机制。

在这样的背景下，为了调动企业员工的积极性和主动性，企业管理者开始借鉴和参考其他成功公司，特别是世界五百强企业的激励制度。

不可否认的是，激励制度的制定在一定程度上激发了员工的工作积极性。然而，不同企业的性质、规模、发展阶段、实力等千差万别，不同的激励措施所适用的企业类型也不尽相同。因此，这就提醒企业管理者在制定激励制度时切忌不假思索、盲目照搬照抄其他公司，特别是世界五百强企业的激励制度，以免造成“画虎不成反类犬”的局面，反而可能给企业带来不良的后果。

对于这样的做法，任正非不认同。任正非 2009 年 3 月 25 日在后备干部总队例会上讲话时说：“提高人的效益，我不太赞成降薪这个措施，因为这个措施是培养懒汉的。我赞成下一步我们的奖金激励机制要更多地向那些创造绩效的员工倾斜。差距是动力，没有温差就没有风，没有水位差就没有流水。什么是公平？如果用铲子把青藏高原、喜马拉雅山铲成与华北平原一样平平的，一毫米高度差都没有，那我告诉你就全是臭水沟，水都不流了。我支持减员，我支持把不好的员工辞掉，换进来一些优秀的员工。当然，如果我们支撑不了公司的效益了，还是要降薪。我们今年（2009 年）的考核机制变了，是五级考核制，D 级没年终奖，C 级的年终奖可能没有或很少。”

华为之所以能够有效地发挥绩效管理的积极作用，是因为管理者抓住了绩效管理的本质，即无论使用何种绩效管理办法，都必须建立在激发员工工作动力、提高员工工作绩效的基础上。一旦背离了这样的基础，再完善的绩效管理制度也不会发挥其应有的积极作用，甚至还会起到反作用。

在很多企业中，管理者试图通过绩效考核来全方位评价员工的岗位效率，尽管其立足点较好，但是全方位考核得出的结论偏离了用人的实际。

事实上，企业中那些“佛系”员工的得分往往最高，为此，任正非说：“想要通过三百六十度无死角找人，企业是会完蛋的。”

任正非解释道：“别指望公司会有完人，什么是完人？刚出生的小孩儿就是完人，无所作为的人就是完人，华为不需要完人，华为只需要能做出贡献的人。而这，也道出了华为绩效管理能发挥巨大作用的真谛。”

在任正非看来，有的员工不加班，但绩效很好，说明他潜力大，应该多给他加担子，而不是打击他。基于此，在华为，绩效考核不是为了找到员工的缺点，而是激励卓有成效的员工。而华为的原则是，任何一种管理办法都不能伤害到优秀的奋斗者，即便是那些不听话的奋斗者，只要有贡献，就应该得到激励。

## “让最佳贡献的人在做出贡献时获得激励，不能给级别，给奖金也行”

为了激活华为人的工作激情，任正非在一次内部讲话中说：“为了能团结广大员工一起奋斗，公司创业者和高层领导干部不断地主动稀释自己的股票，以激励更多的人才加入这从来没有前人做过和我们的先辈从未经历过的艰难事业中来，我们一起追寻着先辈世代繁荣的梦想，背负着民族振兴的希望，一起艰苦跋涉。”

在任正非看来，让更多的员工持有华为的股票，不仅是让这部分华为人有自我归属的认同，更是一种精神上的激励。华为这样做，主要还是基于绝不让雷锋式员工吃亏的态度。

任正非表示，华为才开始实行获得分享制，现在工资、奖金的分配有可能不公平，可能有些地方分得很多，有些地方分得很少，但是华为慢慢就会摸索到合理的线在哪里。他强调，华为价值评价标准不要模糊化，坚持以奋斗者为本，多劳多得。任正非说：“我们不让雷锋吃亏，雷锋也是要富裕的，这样人人才想当雷锋。”

正是因为坚持不让雷锋吃亏的做法，华为吸引越来越多的人才加盟。然而，一些中国企业经营者却在为人才流失而愤愤不平。在 2008 年 1 月苏州游戏产业年会上，时任金山董事长的求伯君对史玉柱、唐骏、朱骏等人说：

“我希望有些新进的企业不要再使用非正常化的手段招揽人才。”

而史玉柱不认同求伯君的说法。史玉柱说：“一个公司的开发人才总是留不住，问题出在这个公司本身，好的人才，就值好的价格。”

据史玉柱介绍，巨人网络 100 多个骨干中，个个都被猎头约谈过。在早期的珠海巨人集团时代，史玉柱为了提升员工的积极性和主动性，曾经采取过军事化管理的措施。实施过一段时间后，其效果甚微。后来，史玉柱反省说：“大多数员工的使命是打工挣钱、养家糊口。军人有对国家和民族(效忠)的义务，但员工没有对老板效忠的义务。”

时任巨人集团副总经理的王建回忆说：“20 世纪 90 年代中期，‘脑黄金’战役第一阶段考核结束后，按照制度规定，对完成任务的经理兑现奖金，其中江苏和浙江分公司的两名经理个人奖金累计近 40 万元，相当于当时广东市场一个月的回款。在集团办公会议上，面对奖金问题谁也不作声了，因为财务干脆把问题捅开了，若干个分公司存在回款作假问题，财务认为奖金不能这么快发。

面对要榜样还是要制度、要士气还是要议论的问题，史玉柱最终力排众议，按照制度颁发奖金。当负责财务的王育怀抱沉甸甸的现金进入表彰大会现场时，会议已经结束了，全体员工都在等，连保安都擅自离岗，拥至会场。王育一出现，史玉柱就说，你们看，王育都抱不动了。全场的目光由主席台转向王育，先是寂静，继而掌声雷动。①

此时，史玉柱向参加表彰大会的员工说：“能者多得，只要能为巨人做出贡献，不拒绝索取，要在巨人内部培养一批富翁。”

当榜样的力量在巨人集团传播开后，在其后的“脑白金”时期，巨人的员工疯狂地工作、疯狂地加班，史玉柱经常会在员工加班的时候发上几千元

---

① 杨连柱．史玉柱如是说［M］．北京：中国经济出版社，2008.

的奖金，让人惊喜不已。

在华为，被猎头约谈的事情可谓见怪不怪了。为了激活员工的积极性，华为在强调分配制度时总是坚持多劳多得。当提拔干部时，华为一定要坚持从战略贡献大的员工中选拔出各级优秀干部。干部获得提拔的充分必要条件：第一，要能使所在部门盈利；第二，要有战略贡献。如果你不能使这个代表处产生盈利，就对你淘汰；如果你有盈利，但没有做出战略贡献，也不会提拔你。这两条是充分必要条件。现在华为选拔干部，就要慢慢调整结构，从而使之走向更有利于公司的发展方向。

在传统的人力资源管理体系中，激发人才积极性的激励策略是具有竞争力的薪酬，也是吸引、激励、发展与留住人才的最有力工具。

基于此，作为人力资源管理来说，要想真正地留住核心员工，就必须提供富有竞争力的薪酬。研究发现，富有竞争力的薪酬必须达到三个目的。见表 14-1。

**表 14-1　竞争力薪酬达到的三个目的**

| 序号 | 目　　的 |
| --- | --- |
| 1 | 企业提供具有市场竞争力的薪酬，以吸引、留住与企业有相同价值观的核心员工 |
| 2 | 确定组织内部的公平，合理确定企业内部各岗位的相对价值 |
| 3 | 薪酬必须与工作绩效挂钩，激励核心员工的工作动机，奖励优秀的工作业绩，利用金钱奖赏达到激励核心员工的目的 |

从表 14-1 可以看出，要想从根本上吸引和留住核心员工，就必须提供给核心员工富有竞争力的薪酬。这主要源于企业给核心员工提供的薪酬水平是否合理，将直接影响该企业在人才市场的竞争力。

企业给核心员工提供了富有竞争力的薪酬，企业才有可能吸引发展所需的各类核心员工。假设某个企业给核心员工提供的薪酬水平偏低，特别是关键的技术骨干力量的薪酬水平较市场明显偏低，此刻再不进行薪酬调整，那么就会因为没有给核心员工提供对外部环境富有竞争力的薪酬，而导致企业技术骨干和部分中层管理者流失。

技术骨干和部分中层管理者流失不仅增加了新员工招聘的成本，还有可能给竞争对手培养了人才。而曾经的某些领先技术，极有可能被竞争对手在短时间内超越。因此，不给核心员工提供对外部环境富有竞争力的薪酬，造成企业核心员工流失的后果是极为明显的，会形成企业不断招聘新员工以满足运作需求，核心员工又不断离职的恶性循环，这不仅增加了企业的培训和招聘成本，还造成了企业人力资源的极大浪费。

另外，企业不给核心员工提供对外部环境富有竞争力的薪酬还会影响员工的工作积极性。对此，哈佛大学教授威廉·詹姆斯在实验后发现，在缺乏科学、有效激励的情况下，人的潜能只能发挥出20%～30%，科学有效的激励机制能够让核心员工把另外70%～80%的潜能也发挥出来。

从威廉·詹姆斯教授的发现来看，在实际的管理中，激励是人力资源管理的核心，而薪酬激励又是企业激励机制中最重要的激励手段，也是目前企业普遍采用的一种有效的激励手段。相对于内在激励，管理者更容易控制它，而且也较容易衡量其使用效果，真正发挥好企业薪酬对核心员工的激励作用，就达到了企业与核心员工双赢的目的。

在华为，激励员工的手段非常多，任正非在内部讲话中强调，人力资源要让华为“遍地英雄下夕烟”。

究其原因，是华为已经形成了能够凝聚近20万人的机制，但凝聚得太紧了，不够活跃，就需要耗散，形成新的活力。为此，任正非用四个方法来激活华为的人力资源。具体如下。

第一，改革的目的是作战。瑞典的“瓦萨号”战舰，这里装饰、那里雕刻，为了好看还加盖一层，结果出海时风一吹就沉没了。战舰的目的应该是作战。我们之所以攻不进莫斯科大环，仅靠物质激励没有用，缺少战略眼光。所以我总号召大家去看看《诺曼底登陆》。华为现在不缺乏黄继光这样的英雄，但是缺少战略家和思想家，大家都不愿意“望星空”，都想有实权。而且以前我们考核体系太具体化，让产生大智慧的人在华为没有地位。为什么这些种子出去也不成功呢？因为缺少大平台，没有土壤，也种不出来庄稼。

第二，我们拉长人力资源金字塔顶端时，要看到内生的新生力量，引进外来的“蜂子”，也要以内为主。不给内部人员一种希望，内部人努力就不够。华为公司做事总是喜欢循序渐进，我们在战略决策过程中要善于转变，未来世界不一定掌握在有资历的人手里，我们要承认年轻人可能有未来，不要总是认为小年轻不能当上将。我们要发现这种善于学习的苗子，敢于给他们去打仗的机会，不死就是将军，死了就是英雄。这样让大家恢复信心。

第三，人力资源金字塔基座要异化，改变齐步走。我认为时代给我们的时间最多两年，如果人力资源政策调整不过来，就会面临大量人才流失。这两年人力资源在改革，进步很大。除了今年改革的部门外，没有改革到的部门还在齐步走。抓住时代变革的转折机会，要重新做出人力资源模型，改变齐步走。这次我要在干部大会上讲，一个人在最佳角色、最佳贡献时间段，要给他最合理的报酬。不能像我这样，到七八十岁，什么都多了，为什么我冲上高地时不多给我吃一碗面呀！不同角色有不同时间段，不同专业有不同时间段，不同专业的不同角色也有不同时间段。为什么不让最佳贡献的人在冲上高地时激励，非要等他老了才给呢？不能给级别，给奖金也行。我们要看到新生事物的成长，看到优秀的存在。

第四，时势造英雄，大时代一定会产生大英雄。我们一定要让公司

50%~60% 的人是优秀分子，然后在优秀的种子里再选更优秀的苗；中间分子 20%~30%。让优秀分子来挤压稍微后进的人，这样他们可能也会产生改变。对英雄也要不求全责备，要接受有缺点的美。我曾在汶川抗震救灾的文件批示："只要过了汶川救灾线，尿了裤子的也是英雄。"一共 427 名，都发了金牌。有一点点成绩就是英雄，将来才有千军万马上战场。

另外，任正非还指出："薪酬包制度就是要把落后的人挤出去，'减人、增产、涨工资'。今年调整了中基层的薪酬结构，明年开始对高级干部、高级专家的薪酬制度进行改革。大数据流量的现实问题将摆在时代面前，两年后，就要开始冲锋了，我们有一支嗷嗷叫的队伍，该我们夺取胜利！"

在任正非看来，激活员工的激情和创造力，不仅需要价值观，还必须结合完善的薪酬结构以及充分的肯定。

# 第 15 章 “内外合规多打粮”：监督岗位更多履行个人负责制，要敢于坚持原则，实事求是

我个人建议在内控、内审、稽查、CEC、法务、信息安全、子公司董事……监督岗位工作的所有员工，只要有 3 年以上的监管岗位工作经历，就应该给他们每个人发一个奖章，奖牌刻上“英雄万岁”。不仅是在座的各位，前线监管岗位的员工比你们还辛苦，有好事也不能漏掉他们。

——华为创始人　任正非

# 华为设置内部控制的三层防线

在2016年12月1日召开的华为监管体系座谈会上，作为华为创始人的任正非，发表了题为“内外合规多打粮，保驾护航赢未来”的讲话。

在讲话中，任正非总结了组织没有纪律就没有发展的力量的经验。在任正非看来，华为发展快而腐败少，得益于在管理和控制领域做出的努力。

为此，任正非对华为公司的整体内控监管的评价是，相比华为的业务发展和组织规模，华为公司问题已经相对较少，而且处于明显下降的趋势，“应该每个人发一个奖章，奖牌刻上‘英雄万岁’”“虽然你们看公司的问题很多，但我们看总状况应该还是好的，绝对的纯洁不存在，我们追求相对的纯洁”。

这段讲话透露了2015年华为的流水是1万亿美元，2016年应该是1.5万亿美元左右的流水。任正非表示，每张单据的流水都可能有猫腻儿，但没有想象的多，这主要还是监管内控的贡献，“当我们的销售收入达到2000亿美元的时候，流水可能达到五六万亿美元，如果这么大的流水还没有出现大问题，从正面来看，内控做出了很大贡献。”

任正非认为，公司不因为担心腐败而不发展，也不因为发展而宽容腐败。华为要建立严格而不恶的规则，加强问责制的实行。他同时还强调，监督岗位工作要从成功走向科学化、程序化，改进方法，提高技能；干部离任要审计，在任也要审计；内控、监管不是阻止速度，而是让流程顺畅后速度更快。

任正非在题为“内外合规多打粮，保驾护航赢未来”的讲话中开篇就谈道：“华为公司建立起这支监管队伍不容易。一个组织要有铁的纪律，没有铁的纪律就没有持续发展的力量。华为最优秀的一点，就是将17万员工团结在一起，形成了这种力量。公司发展这么快，腐败这么少，得益于我们在管理和控制领域做出的努力。虽然，在你们眼中仍然能够看到公司存在这样或那样的问题，但相比我们的业务发展，相比我们的组织规模而言，这些问题已经相对较少，而且处于明显下降的趋势，这里面有你们的功劳。”

在任正非看来，华为公司不因为担心腐败而不发展，也不因为发展而宽容腐败。任正非的理由是，华为公司发展得越快，管理覆盖就越不足，暂时的漏洞也会越多。面对问题，任正非介绍，华为因此设置了内部控制的三层防线。具体如下。

第一层防线，业务主管／流程OWNER，是内控的第一责任人，在流程中建立内控意识和能力，不仅要做到流程的环节遵从，还要做到流程的实质遵从。流程的实质遵从，就是行权质量。落实流程责任制，流程OWNER/业务管理者要真正承担内控和风险监管的责任，95%的风险要在流程化作业中解决。业务主管必须具备两个能力：一个能力是创造价值，另一个能力就是做好内控。

第二层防线，内控及风险监管的行业部门，针对跨流程、跨领域的高风险事项进行拉通管理，既要负责方法论的建设及推广，也做好各个层级的赋能。稽查体系聚焦事中，是业务主管的帮手，不要越俎代庖。业务主管仍是管理的责任人，稽查体系是要帮助业务主管成熟地管理好自己的业务，发现问题、推动问题改进、有效闭环问题。稽查和内控的作用是在帮助业务完成流程化作业的过程中实现监管。内控的责任不是在稽查部，也不是在内控部，这点一定要明确。

第三层防线，内部审计部是司法部队，通过独立评估和事后调查建立冷威慑。审计抓住一个缝子，不依不饶地深查到底，旁边碰到大问题也暂时不管，沿着这个小问题把风险查清、查透。一个是纵向的，一个是横向的，没有规律，不按大小来排队，抓住什么就查什么，这样建立冷威慑。冷威慑，就是让大家都不要做坏事，也不敢做坏事。

基于此，任正非提出了自己的看法："我个人建议在内控、内审、稽查、CEC、法务、信息安全、子公司董事……监督岗位工作的所有员工，只要有3年以上的监管岗位工作经历，就应该给他们每个人发一个奖章，奖牌刻上'英雄万岁'。不仅是在座的各位，前线监管岗位的员工比你们还辛苦，有好事也不能漏掉他们。"

# 关闭廉洁账户，加强问责制

当中小企业发展到了一定的规模，特别是进入成长、成熟期之后，就要求企业经营者按照现代企业制度来进行管理。

在华为的发展过程中，这样的问题同样困扰过任正非。1998 年，华为成为中国最大的通信设备制造商。此刻，任正非已经意识到，华为规模的快速膨胀无疑会影响其自身的生存，这样的发展速度意味着充满空前的危机和压力。

这主要源于任正非的危机意识。在任正非看来，当时的华为“取得产品技术突破后，不仅不能打遍全世界，而且在家门口也未必有优势。现在是有机会也抓不住，最多在中国非主流市场上打了一个小胜仗”。

任正非的忧虑是正确的。在跨国企业的经营中，不仅拥有完善的制度化管理，同时资金和技术实力都较为雄厚。要想与之竞争赢得胜利，制度化管理的华为就是一条必须迈过的门槛。为此，任正非说：

第一，现在大事大案建立了机制、培养了队伍，要继续抓好单据的入口管理，不要让淤泥堆积。要建立严格而不恶的规则，明确收到供应商、各客户……单据、投诉的事务性员工，必须当天或者不迟于第二天，将消息贴在公告栏上；一周内必须把单据整理好上传，并给客户开具通知，调查审计不作为员工。前5年有意迟滞单据传递的，接受过供应商旅游度假……的事务性员工要反思，不合适的员工要进入淘汰资源池，但仍可以在职在岗自省。轻的可以降职降薪，撤销虚拟股ESOP或TUP。大胆地把责任心强的员工破格提拔起来。我们在主航道上已经实现了账实相符，可以把一些优秀员工破格提拔起来，开进后勤及一些边缘业务地带，全面实现账实相符，切实解决小鬼难缠的问题。数据透明是监管的基础，也是防腐的基础。

第二，人力资源的正向分配，就是干好了多分钱。现在公司的利润很多，都是创造出来的，既然大家能创造出来，为什么还要去偷鸡摸狗呢？没有必要。所以，一方面，我们用正向分配引导大家不要犯错；另一方面，用冷威慑来控制公司不要出现大问题。这样我们一边前进，一边就完成了对自己的整改。从混乱走向有序，需要时间，需要过程，所以我们需要这么一支庞大的监督队伍，站在我们的旁边，时刻提醒和警示我们需要努力改进的地方。

第三，加强问责制的实行。在过渡时期，通过设置廉洁账户给大家一个改过自新的机会。没有了廉洁账户，大家就要更加严格地要求自己。关闭廉洁账户，并不是反腐减弱了，而是更进一步加强对队伍的约束。就地司法就是一种形式。通过问责体系建设，让大家愿意按照正确的规则做事，愿意尽职尽责地做事。

在这场变革中，实现制度化管理，就必须清除“组织黑洞”。在华为轰轰烈烈的变革与自我批判中，这场运动源于华为这个组织的山头主义、腐败与惰怠。

其实，当任何一个企业发展到一定规模后，山头主义、腐败与惰怠这样的问题就开始集中出现。为此，任正非说道：

监督岗位可以实行个人负责制，在事实面前要敢于坚持原则，不要总看 AT 团队的脸色。敢于负责、个人表现突出的优秀员工，尽管领导可能不喜欢，也要尽快被升级、被破格提拔。我们要加强这个队伍的组织建设，充实优秀骨干。人力资源已经在做这个事，你们也可以申诉。我们认为，监督岗位人员的升降问题，不一定是当地 AT 说了算，而且应该不是同级 AT 管，可能由上一级 AT 或者再上一级 AT 管。

人力资源要把审计、内控、稽查等作为主要战略来抓，监管也是产粮食。公司发展得快，可能问题就会多一点，所以要加强监管队伍建设，将干得好的人员职级都升快一些，低职级的员工是管不住高职级干部的。

我们一贯主张，同一职级上，监督岗位应比其他岗位高一二级的工资，但是不同意给项目奖，以避免发生很多冤假错案。坚持实事求是，如果调查下来没有什么问题，方法很好，管理很好，也该奖励。

中国改革开放 30 多年，一批一批民营企业不断崛起、发展、壮大，有的成为世界五百强企业。然而，在这些民营企业长大的背后无疑是充满刀光剑影的市场竞争，其惨烈程度不亚于真实的战争，成千上万的民营企业在这一场又一场的血雨腥风中很快便被淘汰出局，消失得无影无踪。

笔者团队经过多年的跟踪发现，很多企业的倒下并非因为竞争，而是因为内部纷争，其中最大的问题就是论资排辈、荣辱难共、毁誉相争、权益不公。尽管如此，就目前状况而言，成千上万的中小家族企业的优势依然非常明显。但是一旦家族企业达到一定规模，特别是做大做强时，家族企业内部隐藏的种种问题也就充分暴露了出来。

在领导华为发展壮大的过程中，任正非看到了这些问题。当华为面临员工疲劳、缺乏工作激情这个最大挑战时，华为的管理变革因此拉开了序幕。在华为顾问田涛看来，一个人保持阶段性的活力、激情是容易做到的，一个组织保持两年、三年、五年的活力也是相对容易的。但是，持久地保持激情与活力，大概是组织领导者随时面临的难题。

当然，导致企业过早衰退还有一个原因，就是员工疲劳症。田涛分析认为，一个新员工刚加盟某企业时，其态度都是积极向上的。如单位 8 点上班，新员工一般都是 7 点半就到单位，晚上下班以后，新员工还照样在单位加班。

当一名新员工变成老员工，一个新士兵变成一个“兵痞”时，此刻该员工就缺乏当初加盟企业时的工作激情了。就如同一匹马从战马变成懒马、变成病马时，该马群无疑会出现类似于传染病一样的普遍惰怠与散漫，其后果是非常严重的。

# 监督岗位工作要从成功走向科学化、程序化

在任正非看来，一个企业运作时间长了，员工就会自动产生惰怠，因此，要不断地改良、变革，但变革与华为的自我批判一样，不能是暴风骤雨式的肆虐侵袭，而应是春雨润物，无声渗透。[①]

正如生理学家所强调的那样，人类都是带着病毒来到我们这个世界上的。马克思分析说："人从出生之日起，就大踏步地向坟墓迈进。"

不管是生理学家，还是马克思，都在强调生命周期。其实，作为一个组织，其生命周期同样如此，如政治组织、社会组织、企业。这些组织创建时，大都是生机勃勃的，然而，各种病症随之就会腐蚀、侵蚀组织。

对此，美国管理学家伊查克·爱迪斯（Ichak Adizes）曾经花费 20 多年的时间来研究企业是如何发展、老化和衰亡的。在《企业生命周期》一书中，伊查克·爱迪斯把企业生命周期分为 10 个阶段，即：孕育期、婴儿期、学步期、青春期、壮年期、稳定期、贵族期、官僚化早期、官僚期、死亡。见图 15-1。

---

① 中国企业家编辑部 . 任正非总结华为成功哲学：跳芭蕾的女孩都有一双粗腿［J］. 中国企业家，2014（10）.

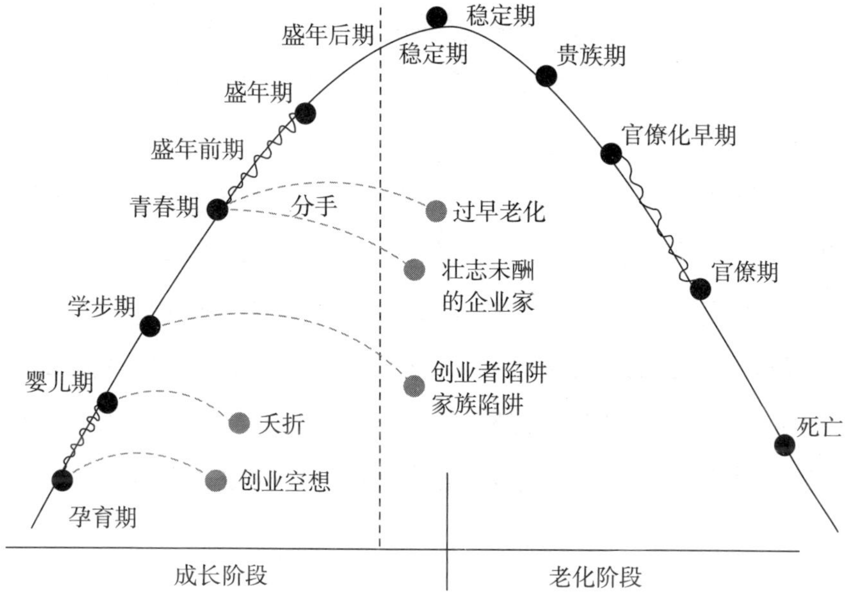


**图 15–1　企业生命周期示意图**

在爱迪斯这个类似山峰轮廓的企业生命周期曲线中不难看出，有的企业可以在这条曲线上延续几十年甚至上百年。然而，成千上万的企业还没走完这条曲线就倒闭了。成千上万的企业仅仅存在几年或十几年，甚至还在成长期就夭亡了。

在爱迪斯看来，这是企业成长中会遇到许多陷阱，企业没有跳过去。很多企业面临的最大问题是“第二次或第三次创业”的陷阱，尤其是民营企业。这时企业基本上已经发展起来了，处在学步期或青春期，将要从创业型转为管理型，进行较大的跳跃。爱迪斯指出的创办人或家族陷阱，也正是民企关心的如何超越家族制的问题。而这恰恰是企业最危险的一个陷阱。[①]

其实，企业组织生命周期理论不仅存在于企业中，也存在于任何组织中。事实证明，对于任何一个衰落的组织而言，其病症的根源在于人性。很多西

① ［美］伊查克·爱迪斯．企业生命周期［M］．北京：中国社会科学出版社，1997：17–96.

方组织管理学家一直认为，人类与生俱来就存在自私、懒惰、贪婪等诸多弱点，当这群人组成一个组织时，无疑对组织的生存、发展到终结的生命周期起到推波助澜的作用。

任正非说：“虽然你们看公司的问题很多，但我们看总体状况应该还是好的，绝对的纯洁不存在，我们追求相对的纯洁。发展永远没有终结，内控永远不会结束。奖章只是阶段性的纪念，不是终结。如果说还有不足的地方，那么你们首先是要改进方法，进一步提高自身技能，因为目前大家只是抓具体的事，从流动数据上还发现不了问题。你们辅助别人、帮助别人，自己也要成为伟大的人，从成功走向科学化、程序化，才是我们的目标。”

具体方法有如下几个。

第一，内控推行SACA这些制度，慢慢让我们这些“农民”与国际接轨，但是还要学习。在金融的内控上，我们引进了英国的专家，后来又在美国、日本建立金融风险控制中心，让我们公司在经济大波浪中的风险变小。美国总统竞选给了我一个很大的启发，“通过一个新法律，必须关掉两个旧法律”，他抓到了美国政府复杂化的症结。我们公司也计划通过《关于“11·30日落法”的暂行规定》：在IPD、SUP、MFIN、LTC、DSTE、SD等成熟流程领域，每增加一个流程节点，要减少两个流程节点；或每增加一个评审点，要减少两个评审点。这样用3~5年时间，让我们内部管理逐步减化。我们不能把管理越搞越复杂，不是增加审批点，就一定会有好的结果。增加审批点，可能会越搞越复杂，最后的结果是漏洞越多，越容易钻。我们主要是以产粮食为中心，变革成功与否看是不是多产了粮食，稽查成不成功也要看是否多产粮食。

第二，发现问题，我们对前因后果都要分析，而且要对行政主管问责，他们要承担责任。怎么问责？比如代表处出现生命质量事故，将前因后果全分析清楚以后，他们内部要开会、要反思，而且还要问责，对主管进行处分。如果我们总是心疼干部，那是不行的。有些人犯了错误，只要在一定期限内改正不再犯，就可以从档案中抹掉。处理人是有分寸和水平的，但是该“杀头”时还得“杀头”，你可以先把他的“头”砍了，半年以后再把“头”给他装上去嘛！这类事情不能轻描淡写，否则我们就永远建立不起一支优秀的作战队伍。你们可以构建一些合理的通报制度（比如在心声社区上通报），但是通报内容一定要准确，一定要有真凭实据，而且最好是与本人沟通过。我号召内控、稽查、审计部门，一定要想办法升华自己，把自己的行为、动作规范化，我们要坚信能做出一套好的体系来。

第三，子公司监督性董事会经过3年运作，已经逐渐走向成熟，所以让你们先慢慢去实践，学会转身。子公司董事会要真正担负起内外合规监管的责任，对外合规是以产粮食为中心，不能比外部要求还左，保持在一个合理范围内。子公司董事会为将来合同在代表处审结打下了基础，我要感谢你们。我们的目的还是要产粮食，产粮食不要担负了很多外部的风险，这就是政策与策略。

小国费用高，要追求费用的真实性，而不完全强调合理性。现在的小国网络质量都不太好，为什么呢？呼唤不了炮火。一个国家那么少的基站，钱不多，呼唤不到炮火。只要多出钱买炮弹，没有一个炮弹不愿意去的。所以，小国要以合理的利润、合理的市场份额为基础。小国的费用问题关键看它是否真实发生，没有贪污腐败就能理解。大国、小国都不能有虚假。

针对问题，任正非开出自己的处方：

第一，审计调查问题，首先是无罪推定。必须有证据，没有证据不能随便伤害一个干部；同时要有科学的方法，实事求是的方法，要尊重人权。干部要严格要求自己，尽量不要出这样的问题。出现问题时，我们想同情也没有用，如果我们都很有情，最后摧毁的只能是好人。现在公司 90% 以上都是好人，不能让几个坏人把公司毁了。如果确有证据，斗争也要有理、有力、有节，要有节制，不是说斗争就是无情打击，那样不能解决问题。

第二，评功摆好不是审计人员的责任，这是最高领导层的责任，"功"和"过"是两回事。审计本着实事求是的原则，把问题调查清楚，处理问题交给 HRC 的纪律与监察分委会，查、处分开。我们要把功和过分开，如果这个人有功，就宽容了他的过，这样就建立不了铁的组织纪律。审计人员要有独立的能力，既要坚持原则，同时又要有方法。希望审计人员一定要敢于斗争，还要善于斗争。培养一批既能够坚持原则又善于坚持原则的人，对公司很重要。

任正非坦言："公司培养一个干部很不容易，常务董事会研究处理干部，每次给我汇报时我都很痛心。其实通过努力为公司做出贡献而获得的利益更大，华为总体待遇不低，高级干部的待遇收入更高。为了一点小小利益去做不正确的事，不值得！对干部的离任和在任审计，其实就是在关怀爱护干部，让干部至少不要把坏事做大了。惹大了事，坐牢不舒服，就地司法制度改革后会更痛苦，国外的牢坐得更不舒服。"

# 内控、监管不是阻止速度，而是让流程顺畅后速度更快

华为高调反腐规定显然是有的放矢，并非空穴来风。之前，作为同行业者的中兴爆出腐败问题，这让华为觉察到，内部腐败的滋生是导致公司从根源上出现问题的原因所在，是导致企业最终毁灭的关键。

华为高层意识到，华为公司最大的风险不是来自竞争者，而是来自企业内部，必须保持干部队伍的廉洁自律，这是保证华为长足发展的基础。2005年12月，华为通过《EMT自律宣言》，并通过制度化宣誓方式层层要求所有干部。任正非说道：

> 第一，公司很多人仍不重视内控建设，可能是我们过去人力资源评价体系存在问题，只看拿到多少合同；很多人自己不做坏事，就认为别人也不做坏事。为什么要搞监管重装旅呢？就是让业务主管来训战赋能，知道什么叫监管。我们要努力，不能惰怠，内控、监管不是阻止速度，流程顺畅了，速度更快嘛！你们看，高铁跑得很快，但没有内控能行吗？高铁就是流程内控做得很好，从北京直达深圳的列车，一站都不停，一整夜要经过多少监控点，但并没有阻挠它的速度。第二，在审结点实行大部门制，一个部门只有一个审结点。这个审结点是有时限的，

过了时限就自动通过，出了事追究评审点的责任，这样我们才能像高铁一样运行。

2017年我们将会对几个代表处实行全授权管理试点，实施业务授权试点、内外合规试点、稽查试点、监控试点等。比如试点合同在代表处审结，现在公司每年有11000多个合同，全球有430万个站点，每年新增站点或机器扩容是96万个。现在的模式是每个站点合同信息全部传回公司，包括每颗螺丝钉、每根线；然后公司专门有一批人读这些厚厚的信息，读完后就往上传；然后又有很多人要去读……这就是我们管理水平低，浪费了非常多的管理精力。所以将来授权前移，同时代表处的稽查、内控监管作用还要加强，走顺以后再逐渐减少编制，否则公司不可能迎接2000亿美元销售收入的增长。

监督体系本身是公司很重要的支柱之一，没有这个支柱，华为公司怎么会有明天？而且明天更复杂、更艰难，在这种情况下做好监管更不容易。你们也要传帮带，让更多新人一代代涌入，公司不能在我们的手里终结。华为公司最宝贵、最伟大的财富就是我们的管理平台，如果公司的生命终结，这个平台也就一文不值了。所以我们一定要维持生存，维持生存的根本就是不能腐败！

华为这样的做法，在于解决自身的干部腐败问题。

众所周知，在企业的业务中，腐败的病毒肆虐往往会使得自身信誉受损，作为华为的老对手中兴也未能免疫。当中兴暴露出一系列问题，自然警示这家公司可能正处于危险之中，这也是迫使华为重磅反腐的一个外在原因。

# 第 16 章 “加西亚，你回来吧！是公司错了”：紧紧揪住优秀人物的贡献，紧紧盯住他的优点，学习他的榜样。这要成为一种文化，这就是哲学

加西亚，你回来吧！孔令贤，我们期待你！2014 年孔令贤被破格提拔三级后，你有了令人窒息的压力，带着诚意离开了华为。周公恐惧流言日，更何况我们不是周公。是公司错了，不是你的问题。回来吧，我们的英雄。

——华为创始人　任正非

# “是公司错了，不是你的问题。回来吧，我们的英雄”

2017年9月，作为中国标杆企业的华为，因为任正非点名给一名离职员工致歉的新闻——“任正非点名致歉一离职员工：你回来吧！是公司错了！”引发热议，甚至排在微博热搜榜第一名。见图16-1。

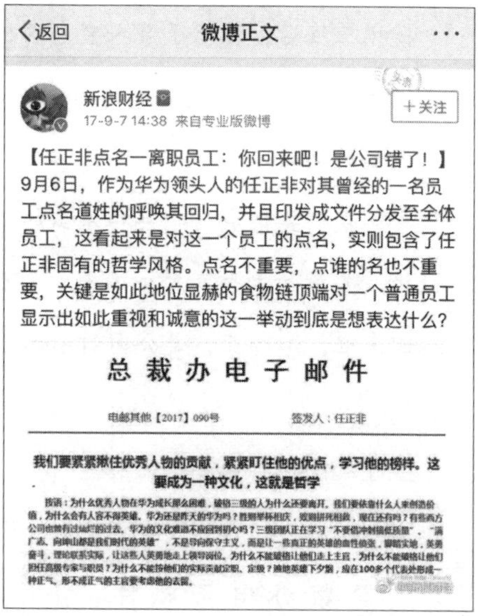
〈返回 微博正文 ···

新浪财经

17-9-7 14:38 来自专业版微博

+关注

【任正非点名一离职员工：你回来吧！是公司错了！】9月6日，作为华为领头人的任正非对其曾经的一名员工点名道姓的呼唤其回归，并且印发成文件分发至全体员工，这看起来是对这一个员工的点名，实则包含了任正非固有的哲学风格。点名不重要，点谁的名也不重要，关键是如此地位显赫的食物链顶端对一个普通员工显示出如此重视和诚意的这一举动到底是想表达什么？

总 裁 办 电 子 邮 件

电邮其他【2017】090号 签发人：任正非

我们要紧紧揪住优秀人物的贡献，紧紧盯住他的优点，学习他的榜样。这要成为一种文化，这就是哲学

图16-1 新浪微博刊发的华为致歉信

查阅相关资料显示，该邮件的全文如下：

我们要紧紧揪住优秀人物的贡献，紧紧盯住他的优点，学习他的榜样。这要成为一种文化，这就是哲学。

按语：为什么优秀人物在华为成长那么困难，破格三级的人为什么还要离开？我们要依靠什么人来创造价值，为什么会有人容不得英雄？华为还是昨天的华为吗？胜则举杯相庆，败则拼死相救，现在还有吗？有些西方公司也曾有过灿烂的过去。华为的文化难道不应回到初心吗？

三级团队正在学习“不要借冲刺搞低质量”“满广志、向坤山都是我们时代的英雄”，不是导向保守主义，而是让一些真正的英雄血性贲张，脚踏实地，英勇奋斗，理论联系实际，让这些人英勇地走上领导岗位。为什么不能破格让他们走上主官？为什么不能破格让他们担任高级专家与职员？为什么不能按他们的实际贡献定职、定级？遍地英雄下夕烟，应在100多个代表处形成一种正气。形不成正气的主官要考虑他的去留。

转发心声社区帖子：《寻找加西亚》

加西亚，你回来吧！孔令贤，我们期待你！2014年孔令贤被破格提拔三级后，你有了令人窒息的压力，带着诚意离开了华为。周公恐惧流言日，更何况我们不是周公。是公司错了，不是你的问题。回来吧，我们的英雄。

我们要形成一个英雄辈出的机制，英雄辈出的动力，英雄辈出的文化。要紧紧揪住英雄的贡献，盯住他的优点，而不是纠结英雄的缺点。回来吧，加西亚，是公司对不起你。

上述邮件内容见图16-2。

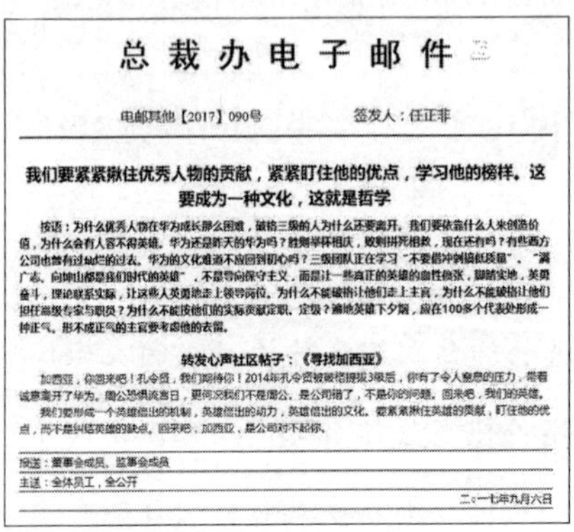
总裁办电子邮件

电邮其他【2017】090号　　签发人：任正非

我们要紧紧揪住优秀人物的贡献，紧紧盯住他的优点，学习他的榜样。这要成为一种文化，这就是哲学

按语：为什么优秀人物在华为成长那么困难，破格三级的人为什么还要离开。我们要依靠什么人来创造价值，为什么会有人容不得英雄。华为还是昨天的华为吗？胜则举杯相庆，败则拼死相救，现在还有吗？有些西方公司也曾有过灿烂的过去。华为的文化难道不应回到初心吗？三级团队正在学习“不要借冲刺搞低质量”、“满广志、向坤山都是我们时代的英雄”，不是导向保守主义，而是让一些真正的英雄的血性贲张，脚踏实地，英勇奋斗，理论联系实际，让这些人英勇地走上领导岗位。为什么不能破格让他们走上主官，为什么不能破格让他们担任高级专家与职员？为什么不能按他们的实际贡献定职、定级？遍地英雄下夕烟，应在100多个代表处形成一种正气。形不成正气的主官要考虑他的去留。

转发心声社区帖子：《寻找加西亚》

加西亚，你回来吧！孔令贤，我们期待你！2014年孔令贤被破格提拔3级后，你有了令人窒息的压力，带着诚意离开了华为。周公恐惧流言日，更何况我们不是周公。是公司错了，不是你的问题。回来吧，我们的英雄。

我们要形成一个英雄辈出的机制，英雄辈出的动力，英雄辈出的文化。要紧紧揪住英雄的贡献，盯住他的优点，而不是纠结英雄的缺点。回来吧，加西亚，是公司对不起你。

报送：董事会成员、监事会成员

主送：全体员工，全公开

二〇一七年九月六日

图16–2　转发心声社区帖子：《寻找加西亚》

在该邮件中，尤其是第二部分，虽为转发华为内部论坛名为“寻找加西亚”的帖子，其内容却十分令人动情：“周公恐惧流言日，更何况我们不是周公。是公司错了，不是你的问题。回来吧，我们的英雄。”

即使是一位有才能的普通员工，任正非也愿意公开表示体恤关怀和道歉，表现出华为求贤若渴、尊重人才的企业文化。

心声社区的博文发出后，已经移民新西兰的孔令贤在微博上进行了回应：“加西亚已收到，没有谁对不住谁，华为是民族企业的骄傲，提起华为我依然自豪，希望以后还能有合作的机会。”见图 16-3。

**图 16–3　孔令贤的微博回应**

此帖子虽为转发，却是以任正非的名义转发的，这不仅传达了此帖是代表华为公司对孔令贤或者是对孔令贤这类人才的愧疚，同时也是对此类人才的爱惜。

作为华为创始人，任正非对于一个有才能的普通员工公开体恤关怀和道歉，并生动表明了华为的诚意，这绝非一般管理者能够做到的，甚至有员工评论说：“看完任总的这段肺腑之言，我竟然感动得哭了。”

任正非此举足以说明自己求贤若渴的态度，而即刻以孔令贤为例付诸实践，同时也用实际行动证明了华为尊重人才和唯才是举的事实，这也是华为的生存哲学和永久的企业文化。甚至有很多人说，此件事情将载入华为史册。

在心声论坛中，华为员工纷纷跟帖，网名为“丰刀”的人写道：“见过很多为公司着想的人离开了公司。说实话，我觉得我们的流程过于僵化，还有就是笑脸对着领导、屁股对着客户与同事的绩效牵引。”

还有一些人留言称“目前公司部分主管，不是客观地、系统性地分析、解决问题，部门风气极差”等。

心声社区对孔令贤的介绍显示，孔令贤是知识青年、技术控，华为进入 OpenStack 社区第一人，是 OpenStack 社区的核心成员。在个人技术博客上发表专题博文 150 余篇，支撑华为成为 OpenStack 金牌会员。因贡献卓越，2014 年被公司破格提拔升级。

孔令贤曾在自己的博客里写道："被华为破格提拔成基层主管后，华为对基层主管的要求是既要做管理，又要懂技术，在这个位置上做的时间长了，逐渐变成了琢磨如何争取更多的资源、如何揣摩领导的心思、如何配合公司的战略、如何制定团队的目标和方向、如何在做团队排序的同时能够让团队里每一个兄弟姐妹都能感到公平等，自己在技术上花的时间在逐渐变少，技术敏感度严重下降，丧失了静心做技术的心。"

2017 年 9 月 4 日，任正非同样为一位员工发了总裁办文件。该员工名叫梁山广，他揭发了其所在部门的造假行为，被破格提拔两级。为了避免梁山广在华为内部遭到打击报复，任正非甚至发邮件让其自愿选择工作地点，并指定一位高层进行保护，内容如下。见图 16-4。

**总裁办电子邮件**

电邮其他【2017】087号　　签发人：任正非

**要坚持真实，华为才能更充实**

我们要鼓励员工及各级干部讲真话，真话有正确的、不正确的，各级组织采纳不采纳，并没什么问题，而是风气要改变。真话有利于改进管理，假话只有使管理变得复杂、成本更高。因此，公司决定对梁山广，工号00379880，晋升两级，到16A。即日生效。并不影响其正常考核与晋升。根据其自愿选择工作岗位及地点，可以去上研所工作，由邓泰华保护不受打击报复。

报送：董事会成员、监事会成员

主送：全体员工，全公开

二○一七年九月四日

图 16-4　晋升梁山广的内部邮件

根据图 16-4 显示，邮件全文如下："我们要鼓励员工及各级干部讲真话，真话有正确的、不正确的，各级组织采纳不采纳并没什么问题，而是风气要改变。真话有利于改进管理，假话只有使管理变得复杂、成本更高。因此，公司决定对梁山广，工号 00379880，晋升两级，到 16A。即日生效。并不影响其正常考核与晋升。根据其自愿选择工作岗位及地点，可以去上研所工作，由邓泰华（华为无线产品线总裁）保护不受打击报复。”

## “全力支持讲真话，这才是会让人奋不顾身去奋斗的华为”

在此次“讲真话”事件中，任正非一方面喊话孔令贤归来，同时还用最高规格的总裁办邮件直接点名晋升梁山广，指定由高层保护。这样的做法让不少华为员工激动不已，有的员工表示：“全力支持讲真话，这才是会让人奋不顾身去奋斗的华为。”

当然，从这两封邮件可以看出，任正非很重视每一个华为员工敢于讲真话，尤其是如今的华为，已经成长为一个名副其实的巨型科技公司，大企业病也不能避免，因此任正非鼓励华为人讲真话，让企业能够留住人才也势必成为华为企业管理的重点。

从这个角度来看，这封由任正非签发的邮件内容非常简短，但非常有看点，因此在华为的内部论坛引起了强烈反响。

尽管这封邮件并没有说明具体事件，只显示有员工讲了真话，对此人连升两级，并且点明由无线网络产品线总裁邓泰华保护不受打击报复，足以说明华为对员工敢说真话的行为十分鼓励。甚至有员工调侃道，讲真话、多举报是升官发财的好机会。

在论坛里有员工担心此员工以后评级要跟更高级的员工进行“叫板”，对此，梁山广本人也在论坛回应称：“谢谢大家支持！领导说了会给我较长的保护期让我来适应新角色，大家不要再担心我啦！感谢正直的人们。”

综合来看，任正非此举一是表明求贤若渴的态度，二是即刻以孔令贤为例付诸实践，而归根结底是为了用实际行动证明华为是尊重人才和唯才是举的平台，这是华为的生存哲学和永久的企业文化，可以看得出任正非为了华为的发展也是操碎了心。

# “面对客户要说真话”——禁止华为员工陪客户时假喝酒

在华为，“以客户为中心”并非一句空话、套话，而是必须落到实处。在内部讲话中，任正非告诫华为人：“面对客户要说真话，我们公司应该有信心讲真话。面对上级不说假话，不搞假动作，浪费太大，作风太差；面对同志要襟怀坦白，口直心快，直言不讳，善于磋商。这样就会产生真实为客户服务、创造价值的解决方案，以及由始至终的毅力和坚守。如果大家总是去盯着竞争对手，最终会不知道客户的需求和价值体系是什么。”

为了更好地执行“以客户为中心”的战略，华为甚至禁止员工在陪客户时假喝酒，这样的做法更值得中国企业家学习。

2015 年 12 月，一份名为“昆明代表处陪同客户用餐要求”的内部文件在网络上传播开来。表面上看，这只是一则关乎企业声誉的新闻，但从另一层面可以清晰地看出来，“以客户为中心”的战略正在被华为工程师践行，而且不能有丝毫的折扣。

据曝光的文件显示，该文件为华为中国地区昆明代表处 2015 年 12 月 21 日发布的。见图 16-5。

该内部文件主要针对华为昆明代表处，旨在要求该代表处的华为员工在陪同客户用餐时不得以水冒充酒。

在该内部文件中明确写道：“近期发现有员工在陪同客户用餐时喝假酒（用水冒充酒），在客户心中形成非常不好的印象。代表处特别强调，所有人员陪同客户喝酒时禁止喝假酒，如果身体有特殊情况可以说明，不需喝酒，但假喝酒关系到客户对我司人员人品的评判，严令禁止。”

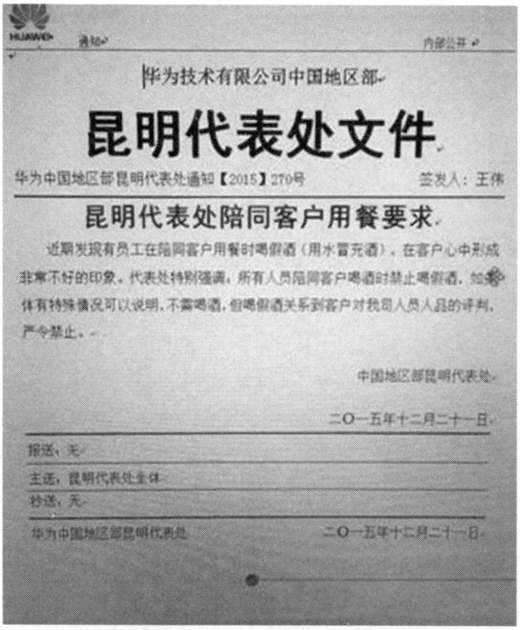
通知 内部公开

华为技术有限公司中国地区部

昆明代表处文件

华为中国地区部昆明代表处通知【2015】270号 签发人：王伟

昆明代表处陪同客户用餐要求

近期发现有员工在陪同客户用餐时喝假酒（用水冒充酒），在客户心中形成非常不好的印象。代表处特别强调，所有人员陪同客户喝酒时禁止喝假酒，如身体有特殊情况可以说明，不需喝酒，但喝假酒关系到客户对我司人员人品的评判，严令禁止。

中国地区部昆明代表处

二〇一五年十二月二十一日

报送：无

主送：昆明代表处全体

抄送：无

华为中国地区部昆明代表处 二〇一五年十二月二十一日

**图 16–5 《昆明代表处陪同客户用餐要求》的内部文件**

随后，华为数字技术有限公司昆明代表处经理级的人士在接受媒体采访时坦言：“我们就在 21 日当天收到的这份文件，确实收到过这份文件，也感到很意外。我很支持公司的决定，作为华为的员工，假喝酒确实不好，这是态度和面子问题，你能喝就喝，不能喝就不喝，何必去骗顾客？反正我们部门以前是没有出现过陪客户时假喝酒的情况。”

事实证明，华为数字技术有限公司昆明代表处出台一个禁止员工陪客户时假喝酒的文件，旨在执行“以客户为中心”的战略。这样的文件立即遭到不少研究者和观察家的热议。

# 第 17 章 “什么是人才”：最典型的华为人都不是人才，钱给多了，不是人才也变成了人才

“穷二代”的最大理想是，书读完了赶快挣钱帮爸爸妈妈还债。华为哪儿挣钱最多？非洲挣钱最多，他们就选择去非洲，他们到非洲综合化锻炼，什么都搞明白了，你怎么知道他不是华为未来的接班人呢？当然这里面也有很多“富二代”，而且家里非常有钱；还有些是女孩子，同样在非洲艰苦奋斗。什么是人才，我看最典型的华为人都不是人才，钱给多了，不是人才也变成了人才。

——华为创始人　任正非

## “最典型的华为人都不是人才，钱给多了，不是人才也变成了人才”

在华为，作为一个全球性的跨国企业，人才国际化早已展开。华为创始人任正非关于人才的两段对话，至今仍耐人寻味。

对话一：

> 新员工：“我是刚毕业的，我感觉很多优秀的人才都出国了，您怎么看待这件事？”
>
> 任正非：“华为公司都是三流人才，我是四流人才。一流人才出国，二流人才进政府机关、跨国企业，三流、四流的人才进华为。只要三流人才团结合作，就会胜过一流人才，不是说‘三个臭皮匠顶一个诸葛亮’吗？”

对话二：

> 问：我们要找最好的人，最优秀的人，结果经常会碰到像谷歌这样的公司竞争，跟我们抢，我们怎么从更高的层面，从公司策略等方面吸引这些人才来？

任正非：我们公司有一样事情是比谷歌好的，我们的餐厅做得比谷歌好。谷歌的餐厅，饭不要钱就是标准化，都吃这个饭。我们的食堂开始多元化、多方位地满足客户需求，将来松山湖有28个餐厅，还有10来个咖啡馆，松山湖还有两条铁路连起来。

第二个呢，招聘人才这个事情其实我们真的不知道哪个人才最优秀。谁是人才，谁不是人才，没有模型。你们大家知道金一南将军，看看他的简历，图书馆管理员。

谷歌有它的选择人才的方式，它拿走了很多人才。但我们认为识别人才的方式很多，就是我们不能用一种教条的方式衡量什么是人才。这次财经在美国招聘了大量的博士，这些人的第一志愿是非洲。为什么？出去留学的不全是“富二代”“官二代”，还有“穷二代”。

“穷二代”的最大理想是，书读完了赶快挣钱帮爸爸妈妈还债。华为哪儿挣钱最多？非洲挣钱最多，他们就选择去非洲，他们到非洲综合化锻炼，什么都搞明白了，你怎么知道他不是华为未来的接班人呢？当然这里面也有很多“富二代”，而且家里非常有钱；还有些是女孩子，同样在非洲艰苦奋斗。

什么是人才，我看最典型的华为人都不是人才，钱给多了，不是人才也变成了人才。

尽管这场“三流人才”与“一流人才”的争论已经告一段落，但宣告了一个事实——以令人惊诧的战果印证了任正非当年的预见——占据人才优势的一些欧美厂商纷纷陷入或破产或巨亏的颓势之中；相比而言，处于人才劣势的中国公司华为，继2008年取得42.7%的逆市增长并稳稳地进入全球系统设备前三之列后，在金融危机的余波中，华为仍能保持30%的业绩提升。[①]

华为能够保持较高的发展速度，与华为自身的人才战略分不开。大量事实证明，华为以其 30 多年的实践，打破了“谁是优秀人才”的狭隘界限。

具体体现在两方面。

第一，尽管华为人曾经称自己为“三流人才”，但这只是一种自我调侃。如今的华为事实上已经成为华南乃至中国企业的黄埔军校，围绕着华为总部所在地深圳而生的一批新生代的优秀民营企业——腾讯、迈瑞医疗、深圳宇通等公司，正在受惠于华为培养的人才，在这些公司的研发或营销团队中，“华为军团”甚至时常达到近 1/3 规模。[②]

为此，一位腾讯高管在接受媒体采访时坦言：“难以想象，如果没有华为，深圳难以造就今天的腾讯。”

第二，华为积极地引入国际人才。比如，2009 年 7 月 14 日，前北电高管、负责北电 EMEA（欧洲、中东和非洲地区）业务的总裁蒂姆·霍金斯（Tim Watkins）出任华为西欧区副总裁，主要负责华为在西欧地区的销售管理和市场拓展。

当时，蒂姆·霍金斯是华为引入的第二位北电高管。此前，原北电的 WiMAX 网络和系统产品线主管查理·马丁（Charlie Martin）出任华为北美区 CTO。

①② 丘慧慧 . 华为：人才国际化与“去英雄主义”［N］.21 世纪经济报道，2009-08-01.

# “三优先”“三鼓励”的用人方针

随着华为国际化业务的深入开展，为应对多样化的全球市场环境，吸引和留住具有国际视野的人才，不仅可以加快华为的国际化进程，同时还可以让华为在国际化运营中赢得胜利。

华为的具体方法有如下三个。

第一，通过人力资源管理的变革，形成整个人力资源管理体系和干部培养与选拔体系，同时使得员工做任何事情都有章可依、有法可循。

第二，“三优先”“三鼓励”的用人方针。“三优先”是指：优先从优秀团队中选拔干部，出成绩的团队要出干部，连续不能实现管理目标的主管要免职，主管被免职的部门副职不能提为正职；优先选拔责任结果好、在一线和海外艰苦地区工作的员工进入干部后备队伍培养，华为大学的第一期就办在尼日利亚；优先选拔责任结果好、有自我批判精神、有领袖风范的干部担任各级一把手。“三鼓励”是指：鼓励机关干部到一线特别是海外一线和海外艰苦地区工作，奖励向一线倾斜，奖励大幅度向海外艰苦地区倾斜；鼓励专家型人才进入技术和业务专家职业发展通道；鼓励干部向国际化、职业化转变。

第三，三权分立的干部选拔机制。华为坚持干部不合格淘汰制度，建立良性的新陈代谢机制，坚持引进一批批优秀员工，形成巨大的干部后备资源；开放中高层岗位，并引进大批具有国际化运作经验的高级人才，加快干部队伍国际化进程。[①]

对于任何一个企业来说，要想成功地实现全球化战略，人才国际化问题就必须解决好。所谓人才国际化，就是指跨国企业在拓展国际市场过程中，拥有能够在全球范围内与国际级企业、高层对话的能力和共同语言的人才。

从这个概念可以看出，人才国际化不仅重在能力和素质的国际化，还必须以本土人才国际化为基础。理由有两个。

第一，无论跨国企业拓展哪个国家市场，本土化人才都是跨国企业人才结构构成的主体，而从他处引进国际化人才只不过是有效的补充。

第二，跨国企业实现人才本土化，是跨国企业增强国际竞争力的一个表现。这说明跨国企业在拓展他国市场时，拥有充足的国际化人才储备，随时可以外派国际化人才开拓他国市场。

一般来说，人才国际化的表现形式主要有如下几个。

（1）人才定义国际化

一直以来，很多国家和地区定义人才的标准不尽相同。尽管如此，既然是国际化人才，起码要包含四个关键点：第一，人才的内在素质好；第二，人才的劳动离不开一定的条件；第三，人才必须具有创造性劳动成果；第四，人才的贡献要比普通员工大。

（2）人才素质国际化

跨国企业全球化，意味着需要更高层次的国际化人才，不仅要求更高的知识结构，同时要求国际化人才拥有复合型、高层次的素质，具备跨文化操作能力以及通晓国际市场“游戏规则”。

（3）人才待遇国际化

要想吸引和留住国际化人才，其待遇也必须国际化。这是实现人才国际

---

① 汤圣平．走出华为［M］．北京：中国社会科学出版社，2004.

化的一个重要内容。人才待遇不能国际化，人才国际化战略就不可能实现。

大量事实证明，哪个跨国企业人才待遇与国际接轨工作做得更好，该企业人才聚集力就更强。

（4）人才竞争国际化

随着全球经济的纵深发展、企业间竞争加剧以及信息技术的发展，企业之间的竞争可以归结为人才的竞争。

当人才竞争已经突破国界时，跨国企业与任何一个他国企业的竞争就出现了“零距离”态势。比如，跨国企业大量招聘他国本土人才，无疑使得他国本土竞争国际化，国际竞争他国本土化，这样的现象现在已经较为常见。

# 华为的人才国际化策略显得既开放又克制

2009年,《21世纪经济报道》记者丘慧慧追问华为是否会在金融危机当下抄底人才，华为回复道：“由于受到金融危机的影响，许多国际知名企业或机构都在裁员，市场上出现了大量人才，这对于想吸纳人才的企业和机构来说，是个非常好的机会，华为也不例外。”

在这个回复中可以看出，华为的人才国际化策略显得既开放又克制。主要体现在以下几个方面。

（1）华为以相对积极的态度随时准备捕捉吸纳国际人才的机会

华为在国际化过程中，尤其是近年来国际市场得到迅速发展，不断加大对海外本地员工的聘用力度也在情理之中。

据华为官方数据显示，华为海外本地员工的聘用率平均每年增长15%以上。截至2008年年底，华为近8万名员工中，海外员工已超过22000人，其中海外本地员工超过12500名，海外员工本地化率达到57%。[①]

华为在接受媒体采访时介绍：“华为一直在定期审视业务环境及人力资源环境，制定和刷新人力规划目标与方案，细化人力资源获取策略与方案，以有效的资源投入和人力资本增值方式支撑业务目标的达成。”

---

① 丘慧慧．华为：人才国际化与“去英雄主义”［N］.21世纪经济报道，2009-08-01.

结合自身全球业务布局和全球人才分布情况等因素，华为“欢迎能够帮助公司加快国际化进程的各领域人才加盟”。这些领域包括“国际金融人才、熟悉全球法律运作的法律人才、具备国际知识产权运作经验的人才、具备领先通信技术领域经验的人才等”。

当然，华为对此类人才的选择更强调要“具备在大型跨国企业的工作经验，最好具有全球化工作经验”。

在招贤纳士方面，作为伯乐的华为人力资源部门，会定期向专业咨询公司购买外部薪酬市场的相关数据，以此随时分析和审视华为薪酬标准的外部竞争力。

此举对制定海外员工的薪酬体系有着非常重要的意义：第一，尊重他国当地的法律以及风俗习惯；第二，结合华为本身的支付能力，以及“对内对外的公平性”。“与当地主要同行企业比，华为的薪酬水平具有较高的吸引力。”华为在回复中说。

（2）华为在海外人才引进方面又是相当克制和谨慎的

事实上，从2006年开始，延续至今的全球电信行业重组浪潮中，大量高端管理型人才正在从北电、摩托罗拉等曾经的世界级巨人企业中溢出，华为对此间人才溢出的承接相对保守。①

除了蒂姆·霍金斯和查理·马丁两位来自北电的高管，华为公开的情况显示，加盟华为的领军型高端人才还包括前英国电信集团技术官米克·里夫（Mick Reeve），其出任华为欧洲地区部战略顾问。尽管如此，这并不意味华为在引进国际人才时急功近利式的高歌猛进。

---

① 丘慧慧.华为：人才国际化与“去英雄主义”[N].21世纪经济报道，2009-08-01.

# 华为的人才国际化与“去英雄主义”

在华为的人才国际化中，任正非坚持自己的一贯思路——不走极端。一个熟悉华为内部运作体系的学者坦言：“引入海外背景的高管，目前来看还是相对有限的。”

从华为 EMT（经营管理团队）的组成来分析，孙亚芳担任董事长、任正非出任总裁，其余 6 位副总裁由华为旧部担任。

该学者认为，EMT 是华为最高决策机构，而且都是中国人，这说明华为并没有盲目照搬国际化的经验。

该学者研究发现：“这符合任总的一贯思路，就是不走极端，管理要讲均衡……引进多少个海外高管不应该成为一项公司政策和目标，把本地化高管的比率设为一项指标是僵化地理解国际化。合适的就拉进来，没必要作为政策来推。更不能为了所谓的‘抄底人才’，把自己的人都替换了。”

在该学者看来，当华为的国际化业务取得一定进展时，引进国际化高端人才的步伐和设置的职业通道，无疑正在逐步拓宽，但是任正非“比较克制和控制节奏”。

与某些中国企业在国际化中受挫不同，同样是国际化，华为一个关键的地方就是“没有过度地强调‘跨文化’”。

该学者坦言：“从华为的经验而言，在实现国际化之前，首先是管理体系与国际接轨，企业管理有一些共性的问题，要通过管理机制的提升来解决，而不仅仅是文化问题，也绝不止是引入一两个国际职业经理人的问题。”

华为在引进国际化人才方面有着自己的做法。一个华为人说道：“任总从 1997 年就开始呼唤从英雄走向团队作战、群体作战，这才有了华为后续与海外对接的一套体制。如果我们现在反而寄希望从国外找一个高手来，就违背这个‘去英雄主义’的方向了。”

在该华为人看来，华为今日的胜出，是因为华为从 1996 年就开始了“去英雄主义”做法，以及在此基础上对管理体系进行的一系列职业化、制度化变革和流程再造。

1996 年至 1998 年间，华为耗时 3 年，八易其稿，终于出台《华为基本法》。该基本法是对华为文化与价值观以及未来战略做出的第一次系统思考。其建立了初级的价值评估与分配体系（薪酬制度），并从日本引入“合理化建议制度”等。这 3 年可以视为管理变革的前奏。

不仅如此，其后，华为开始全面引进国际化管理体系，包括从国际著名人力资源公司 HAY 集团引入“职位与薪酬体系”，从 IBM 引进集成产品开发（IPD）及集成供应链管理（ISC），以及将英国国家职业资格管理体系（NVQ）引为企业职业资格管理体系等。

2008 年，华为再次与 Accenture 顾问公司达成战略合作，启动 CRM（客户关系管理）的流程管理，优化华为从产品到客户的全部流程，提高华为在全球化过程中的经营效率，降低其运营成本。

当然，在制度化的过程中，华为也因此付出较为沉痛的代价。例如，2001 年，IPD 流程推广前后，大量研发人员和管理干部由于不适应这套管理体系而离职。如此开局也在任正非的预料之中，因为该套管理体系被任正非称为“削足适履”的机制变革。

在经历各种阵痛后，华为管理体系的正面效应开始快速显现。一位核心老华为研发员工在接受媒体采访时说："我们很快建立一套可以与国际客户以及同行对接的'语言'(理念及行事方式)。"

在该员工看来，这也正是华为可以与欧美百年企业直接竞争、与之抗衡的关键所在。2001 年 11 月，华为内刊《华为人》刊登了《华为基本法》起草人之一杨杜教授的评论文章。在该文中，杨杜教授引用了任正非对华为国际化、职业化、成熟化做出的三个论断："只有破除了狭隘的民族自尊心才是国际化，只有破除了狭隘的华为自豪感才是职业化，只有破除了狭隘的品牌意识才是成熟化。"

反观华为的发展不难发现，职业化已经替代华为在创业初期所推崇的"英雄主义"做法，而当年的"英雄"，也在华为的职业化过程中蜕变，走向了国际市场，成为华为一支拥有极高凝聚力，同时又能征善战的国际化人才队伍。

# 第 18 章 “将军是打出来的”：苗子是自己蹿出土面上来的，不是我拿着锄头刨到地下找到这个苗子。认可你，然后给你机会，但能不能往上走在于你自己

苗子是自己蹿出土面上来的，不是我拿着锄头刨到地下找到这个苗子。认可你，然后给你机会，但能不能往上走在于你自己。机会是靠自己创造的，不是别人给你安排的。

——华为创始人　任正非

## “扛着炸药包打下两个山头你就当连长，没有什么服气不服气”

在华为，干部选拔标准重点强调基层经验与成功实践。任正非曾说：“宰相必取于州部，猛将必发于卒伍……每个人都应该从最基层的项目开始做起，将来才会长大。如果通过烟筒直接走到高层领导岗位上来，最大的缺点就是不知道基础具体的操作，很容易脱离实际。”

在任正非看来，作为将军，必须是从实践中产生的，而且还是从成功的实践中产生的。在企业的组织建设中，其实与军队的提拔非常类似。通常都是先上战场再被提拔。任正非说：“扛着炸药包打下两个山头你就当连长，没有什么服气不服气。”

企业的竞争，其实是人才的竞争。2017 年 8 月底，笔者就在深圳见到了一个真实的案例。

陆丰初中毕业后，跟村里的长辈一起到广东打工去了。在人才招聘市场上，M 餐饮连锁店人力资源部人员发现，陆丰虽然学历不高，却很懂得礼仪。

于是，人力资源部人员问陆丰有没有兴趣从一名普通服务员做起。

只有初中文化而又刚进城的陆丰没有什么特长，于是就加盟了 M

餐饮连锁店。加盟后的陆丰踏实肯干，工作兢兢业业、任劳任怨，总是把部门经理安排的工作任务执行得非常到位，得到了管理层的高度肯定。

就这样过了半年，由于M餐饮连锁店开拓新市场，管理层决定，让陆丰担任该分店的部门经理。

成为部门经理后的陆丰和升职前一样，工作兢兢业业、任劳任怨。总经理安排的工作任务，陆丰总是身先士卒。

在陆丰的带领下，该分店工作积极性非常高，工作执行得非常到位。但是，不到一个月，店员的工作积极性突然降温了，甚至连工作激情也没有了。

刚到分店时，陆丰只要安排任务，店员都认真执行，而现在就剩下陆丰自己一个人完成了。

下班后，陆丰来到总经理办公室，汇报了自己在工作中遇到的管理问题，并主动提出辞去部门经理的职位，要求返回服务员岗位。

总经理笑着对陆丰说："你在工作中的表现还是很好的，不过，你作为一名管理者，不仅要懂得关注工作任务的进展情况，还要解决执行过程中做得不到位的问题。另外，告诉你一个好消息，经集团开会研究决定，下周派你和其他两个部门经理去深圳大学进修一段时间，学习一些管理的工作方法和技巧。"

学习回来的陆丰，已经能够胜任该店的管理工作。据M餐饮连锁店总经理介绍，集团打算重点培养陆丰，为提拔其为副总经理做准备。

陆丰的案例警示中国企业管理者，一个合格的管理者首先是一个合格的服务员，但是一个合格的服务员并不一定能成为一个优秀的管理者。因为管理者的职责，不只是把自己的工作任务做好做完，还包括让正确的人在适当的时候做好正确的事。

通俗地讲，“兵熊熊一个，将熊熊一窝”。由于管理者自身的能力有限，不懂得指挥调度协调，更不懂得很好地识人、用人，不懂得充分、有效地利用有限的资源，结果造成在错误的时间、错误的地点、用最优秀的士兵去打一场错误的战斗，这样的岗位效率必然是较低的。任正非始终强调人才的重要性。在成为华为管理者的成长中，大致遵循“‘士兵’（基层员工）—‘英雄’（骨干员工）—‘班长’（基层管理者）—‘将军’（中高层管理者）”的职业发展路径。

在华为，任正非始终在强调“以奋斗者为本”。对华为的基层员工也是如此，任正非说：“要在自己很狭窄的范围内，干一行、爱一行、专一行，而不再鼓励他们从这个岗位跳到另一个岗位。”

在任正非看来，作为“士兵”，必须在自己的岗位上不断提高业务水平和绩效产出。基于此，华为允许基层员工在较小的一个面上进行弹性流动和晋升。

与其他企业有所不同的是，华为在干部选择时只强调选拔，不主张培养和任命。从这个角度上看来，华为的干部不是培养出来的，而是选拔出来的。

在干部选拔通道上，基层员工被晋升为干部，往往需要用实际工作来证明自己的能力。为此，任正非在2013年EMT办公例会的讲话中谈道：“苗子是自己蹿出土面上来的，不是我拿着锄头刨到地下找到这个苗子。认可你，然后给你机会，但能不能往上走在于你自己。机会是靠自己创造的，不是别人给你安排的。”

## “急用先学，培训士兵就教炸药包怎么捆，怎么拉导火线，不用讲怎么当元帅”

“培训要从实战出发，学以致用。急用先学，培训士兵就教炸药包怎么捆，怎么拉导火线，不用讲怎么当元帅。”任正非说，“学习不要读书破万卷，读书破万卷反而懂得不深不透。我认为要读书破万遍，公司公布的很多文件，是高层智慧，是反复多少遍研究出来的。所以有机会就要多读公司文件，要反复读，一个星期一次行不行？读读你就明白了。如果以后要当将军管理整个队伍，你先看看别人是怎么看待整个问题的，一遍不懂不要紧，多几遍理解就靠近了。”

在任正非看来，“培训要靠自我培训，灌输性培训不是长久之计……最优秀、最杰出的人都是靠自我培训出来的。老师不讲你就学不到，你怎么超过老师？所以要贯彻人人是老师、人人是学生，要讲平制。如果不自我提高，甚至重复犯同样的错误，那么再对你培训也没有意义。”

任正非坦言：“很多人会实践，如果没有理论的实践，实践100次还是实践，就是大工匠。只有工程师行为可以批量生产，工匠不能批量生产。实践经验如果不经过理论升华和总结，这个人不可能在项目变化的时候还能有很强的适应性。所以我们在学习教育过程中，老师要强调去实践，学生要从实践中提升到理论。”在任正非看来，没有实践，一切培训都是空中楼阁。

在这里，我们从一个真实的案例开始谈起。

20 世纪 90 年代，某省有一位踌躇满志的诗人，不仅出版了自己的诗集，还得到许多商界人士的崇拜。

在很多场合，商界崇拜者都表示只要该诗人需要帮助，一定赴汤蹈火，再加上看到政府公职人员创业成功案例的报道，该诗人也就决定创办一家公司。

该诗人自认为可以创业成功的理由，有以下三个。

第一，他能逼真地描述人类复杂的心灵世界。经营一家小公司简直就是火箭弹打蚊子——大材小用。

第二，他拥有较好的人脉——很多商界崇拜者，平时经常听这些商界崇拜者谈生意，耳濡目染，经常给商界崇拜者指明财路——由于他见解高明、主意新颖，商界崇拜者照着点子去做了，还真赚了不少银子。

第三，他表示自己朋友多，崇拜者也多，要开家公司，有困难只要一句话，很多人都会毫不犹豫地帮忙。

在自以为稳操胜券的创业计划下，该诗人创办的文化传播公司就开张了。

然而，公司还没有步入正轨，该诗人就招聘了 20 个员工，给每个员工配发一个大哥大手机。

当然，该诗人这样做的目的是，派这些拿着大哥大手机的员工气派地和合作者洽谈，引起媒体传媒的重视，从而达到制造声势、扩大影响的目的。

该诗人有明确的目标：第一步先垄断本市的文化传播行业，第二步是垄断本省的文化传播行业，第三步是垄断中国的文化传播行业，第四步垄断全世界的文化传播行业。于是还未实现目标，该诗人就已经开起沙龙和讲座，侃侃而谈如何做一个“高层次有文化的商人”。

然而，让该诗人没有想到的是，不到3个月，从商界崇拜者那里筹集的100万元启动资金已经花完。

让该诗人更没有想到的是，昔日的“朋友”“崇拜者”说需要帮助，一定赴汤蹈火，而他们不仅没有帮助，相反还先后前来讨债。该诗人还打算向商界崇拜者再筹集一笔资金，东山再起，却没有筹到钱。

该诗人感觉自己受到了极大的侮辱，极端愤怒而又失望。在以后10多年时间里，该诗人也没有还清当初筹集的100万元，不仅如此，该诗人再发表或者出版诗集，都不敢用自己的真实名字或者曾经的笔名。该诗人深有感触地在诗集中说：“看来干什么事，都像写诗，只能自己写，而不能学。”

在上述案例中，该诗人能写诗，但是绝对不擅长经营，可以肯定地说，20世纪90年代，100万元启动创业资金已经不少了，这100万元放到今天也不是小数，然而，该诗人在短短3个月就挥霍一空，实在令人叹息。

该案例警示中国企业家，在管理企业中，企业家应当重视实践，因为经营不是仅靠理论就可以的，只有在实践中自我培训，才能造就伟大的企业家。

## “支持短训班，绝对不支持长训，将军不是培养出来的”

在任正非看来，培训是培养不出将军的。在这个过程中，选拔与培养本身并不矛盾，没有说选拔就不培训了。

任正非说：“那么办中学干什么，办大学干什么？我们的高考不就是选拔制吗？选拔制并不排斥培养。开发课程，让有意愿员工自我学习，鼓励进步。”

在任正非看来，培养不是等待被培养，而是自我培养、自我成长。任正非说：“对选拔上岗的干部重点培训，有针对性地查漏补缺，他们受到特别的关爱，不收他们一分钱，别人会心态不平衡，这叫有偿培养。”因此，任正非认为，要改变过去“单点输入”的培养制，在干部选拔的过程中，触发有针对性的培养。

任正非说：“我更支持短训班，绝对不支持长训，将军不是培养出来的。一个月两个月就够了。学一点、学个方法就上战场，我们有个平台，告诉你可以在网上学习，然后你认识几个老师，网上及时交流。关键是教给干部怎么具体做事。”

在任正非看来，培训不要太高档，关键是教会干部怎么做事。任正非回忆道：“现在我们很多的高级干部不会具体做事。你们抓潜力开发，事都不会做，怎么开发潜力？公司讲‘小改进，大奖励；大建议，只鼓励’，为什么？主要鼓励培养踏踏实实的作风。既然你有大的好建议，你本职工作早就做好了，早就发现你了。因此所有的培训都要转到具体工作上，要和任职资格结合起来。”

为此，任正非认为：“现在很多培训中心的培训方向都很偏，都是在培养跨世纪的美国总统。要抓做实，如果聪明人太多，而聪明人不做实，最终的结果就是把公司的前途葬送了。各个干部都要配合培训中心，一定要把整个培训方式调整过来，要学以致用，不要学天桥把式，练是为了干，而不是为了看。”

在干部培训中，任正非非常强调务实。任正非说：“华为大学还是要坚持案例式的教学，案例有两种：一种是故事化的案例，让学员更容易看懂教材；另一种是表格化的案例，可以帮助学员更好地掌握科学的方法，直接用到实际的工作里。”

任正非举例说：“我们公司很多高级干部根本不学习公司文件，他们是凭着自己的经验在干活，这样的干部是一定会被淘汰掉的，不淘汰掉公司是没有希望的。EMT 做的那些决议和各种文件，代表了高层智慧的精华，但我们的干部根本没有认真学习。所以，400 多个 EMT 文件，一个个考，考不及格的高级干部不能调待遇。就是说高级干部可能处在淘汰的边缘上，一定要有这个危机感。大家以为胜利了，以为有功劳了，自己的屁股就坐稳了，我觉得没有这回事。”

面对这样的现状，任正非提出了自己的解决办法：“我们现在高级干部有些是不学习的，只督促基层员工学习。所以现在很多基层员工都上升成高级干部，而在座的很多高级干部可能要从这个舞台退下去。”

# 参考文献

[1]安筱鹏，乔标.我国通信制造企业的国际化经营阶段的进程分析——以华为公司为例[J].经济前沿，2008(8).

[2]包晓闻，宋联可.中国企业核心竞争力经典：企业文化[M].北京：经济科学出版社，2003：15-20.

[3]程东升.华为三招奠基海外[J].中外管理，2008(3).

[4]程东升，刘丽丽.华为三十年[M].贵阳：贵州人民出版社，2016.

[5]陈晓萍.跨文化管理(第二版)[M].北京：清华大学出版社，2009.

[6]蔡钰.华为大举进入香港3G市场"示范"意义重于"效益"[N].财经时报，2004-01-12.

[7]方向明.参与"一带一路"香港的优势在于国际化和市场化[N].第一财经日报，2017-06-06.

[8]龚柏宇，贺明辉.华为的国际化进程研究[J].中外企业家，2016(11).

[9]龚文波.任正非如是说：中国教父级CEO的商道智慧[M].北京：中国经济出版社，2008：191-196.

[10] 葛明磊，张译丹．“将军”是如何产生的？——华为公司管理者培养的案例研究［J］．中国人力资源开发，2015（11）．

[11] 胡欣悦，孙飞，汤勇力．跨国企业国际化研发合作网络结构演化——以华为为例［J］．技术经济，2016（7）．

[12] 江敏．浅析华为企业文化的塑造与启示［D］．南昌：南昌大学，2012.

[13] 李超，崔海燕．华为国际化调查报告［J］．IT 时代周刊，2004（10）．

[14] 罗丽娟，高欢．老板承诺奖励员工“苹果 6”兑现时变成 6 个苹果［N］．楚天金报，2014-09-24.

[15] 罗锋．华为技术专家的梯队建设是怎么做的［EB/OL］.http：//www.sohu.com/a/135204254_704054.

[16]［美］伊查克·爱迪斯．企业生命周期［M］．北京：中国社会科学出版社，1997：17-96.

[17] 丘慧慧．华为：人才国际化与“去英雄主义”［N］．21 世纪经济报道，2009-08-01.

[18] 任鸽．任正非：缔造狼性华为［N］．中国企业报，2011-07-26.

[19] 汤圣平．走出华为［M］．北京：中国社会科学出版社，2004.

[20] 王海．任正非：华为三十年大限快到了　想不死就得新生［N］．第一财经日报，2016-09-28.

[21] 王力为，胡文燕，王嘉鹏，等．任正非说华为：从征服欧洲到征服全球［J］．财新周刊，2015（6）．

[22] 王宇航．谭木匠：一个上市公司的管理重建［J］．商界评论，2017（8）．

[23] 许洁．华为美国招标再受挫　分析建议其海外上市［N］．证券日报，

2010-08-26.

[24] 姚玮洁.华为"34+裁员"真相[J].中国新闻周刊，2017(3).

[25] 叶志卫，吴向阳.胡新宇事件再起波澜　华为称网友误解床垫文化[N].深圳特区报，2006-06-14.

[26] 杨连柱.史玉柱如是说[M].北京：中国经济出版社，2008.

[27] 中国经营报.你是否管理员工的期望[N].中国经营报，2015-02-19.

[28] 中国企业家编辑部.任正非总结华为成功哲学：跳芭蕾的女孩都有一双粗腿[J].中国企业家，2014(10).

[29] 赵晓萌.为什么谭木匠要迁总部[J].销售与市场，2014(8).

[30] 钟晨.基于扎根理论的华为公司国际化战略研究[J].经济论坛，2011(6).

[31] 周展.华为有限公司知识积累的国际化战略研究[D].湘潭：湘潭大学，2014.

[32] 张邦松.中国企业国际化：行百里而半九十[N].经济观察报，2011-12-03.

[33] 张璐晶.华为靠什么在墨西哥立足？[J].中国经济周刊，2015(20).

[34] 周留征.华为哲学[M].北京：机械工业出版社，2015.

[35] 证券日报.华为美国招标再受挫　分析建议其海外上市[N].证券日报，2010-08-26.

# 后　记

2018年4月16日，对于华为来说，可谓是喜忧参半。喜的是，华为5G产品成功获得全球第一张CE-TEC（欧盟无线设备指令型式认证）证书；忧的是，美国监管机构也采取了一项措施，禁止当地移动运营商使用联邦补贴购买中国企业生产的任何电信设备。

众所周知，在之前，华为与AT达成战略合作，甚至在已经签订协议的情况下，遭到美国政府强制干预，最终导致合作失败。

正是因为华为与美国政府频频过招，危机意识很强的任正非做好了最坏的准备。

2012年，在一次内部会议上，任正非告诫华为人说道："我们现在做终端操作系统是出于战略的考虑，如果他们突然断了我们的粮食，Android系统不给我用了，Windows Phone 8系统也不给我用了，我们是不是就傻了？"

美国市场一直是华为的目标市场，就是攻不下，这让曾经是军人的任正非非常恼火，甚至对美国做过诸多沟通和研究。

对此，当看了美国电影《2012》后，任正非认为，信息爆炸或许像数字洪水一样，华为要想生存下来，就必须造一艘方舟。

在这样的背景下，华为成立了专门负责创新基础研究的"挪亚方舟实验室”。任正非为此做了最坏的打算，启动芯片和操作系统的研究。

任正非指示称，华为要在芯片领域投入“四亿美元和两万人”进行“强攻”。在华为，海思芯片的定位是，“一个重要系统”，是华为的长远战略投资。

任正非直言：“海思一定要站立起来，适当减少对美国的依赖。”在任正非看来，只有适当减少对美国的依赖，才能真正地面对美国的封杀。任正非说道：“我们不能有狭隘的自豪感，这种自豪感会害死我们。我们的目的就是要赚钱……要拿下华尔街。我们不要狭隘，我们做操作系统，和做高端芯片是一样的道理。主要是让别人允许我们用，而不是断了我们的粮食。断了我们粮食的时候，备份系统要能用得上。”

正是任正非的判断，才避免华为遭遇“无芯”可用的危机。正是因为如此，华为才取得累累硕果。

2018 年 3 月 30 日，根据华为发布的 2017 年年报显示，2017 年华为实现全球销售收入 6036 亿元，同比增长 15.7%，净利润 475 亿元，同比增长 28.1%。

分地区来看，中国市场受益于运营商 4G 网络建设、智能手机持续增长以及企业行业解决方案能力的增强，实现销售收入人民币 3050.92 亿元，同比增长 29.0%。

亚太地区受益于企业业务数字化转型加速和智能手机市场份额的提升，保持了良好的增长势头，实现销售收入人民币 744.27 亿元，同比增长 10.3%。

美洲区域受拉丁美洲运营商业务市场投资周期波动影响，实现销售收入人民币 392.85 亿元，同比下滑 10.9%。

欧洲中东非洲地区（EMEA）受益于企业业务数字化转型加速和智能手机市场份额的提升，实现销售收入人民币 1638.54 亿元，同比增长 4.7%。

其他的销售收入 209.63 亿元。

这组数据足以说明，华为之所以能够取得如此业绩，是源于任正非的战略思想。众所周知，在中国企业界，华为创始人任正非是一个绕不开的名字，因为在任正非领导下的华为已经成为中国的国家名片，也是中国制造向中国创造的带路人。在这样的背景下，笔者终于鼓起勇气写作本书，这种勇气主要还是源于笔者对任正非偶像般的崇拜，特别是他与中国企业家迥然不同的气质，那就是出奇低调。

任正非的低调无疑增加了笔者对这位企业家了解的难度，笔者不得不查阅任正非的近百次讲话，从中了解任正非。在这里，我们开始起航。

任正非，1944 年出生于贵州省安顺市镇宁县一个贫困山区小村庄的知识分子家庭。中国的知识分子对知识的重视和追求，可谓“贫贱不能移”。即使在三年困难时期，其父母仍然坚持口挪肚攒让孩子读书。这为日后知识渊博，能引经据典、娓娓道来的任正非打下了坚实的基础。然而，由于任正非非常低调，以至于被外界称作“华为的神秘教父”，特别是其管理思想得到各方企业家管理层的参考和借鉴。在一些内部讲话中，任正非坦言，他十分爱读历史、哲学等人文类书籍。这对提升其企业管理帮助很大。

在本书中，我们总结了任正非的 80 多次内部讲话以及接受媒体的采访，并从这些讲话和采访中引申出了更深层次的用人之道。因此，本书为了解开任正非的战略思想，将其分为 18 章，分别介绍之，期望能够更好地让企业经营者学习和借鉴。

这里，感谢“财富商学院书系”的优秀人员，他们也参与了本书的前期策划、市场论证、资料收集、文字修改、图表制作。

以下人员对本书的完成亦有贡献，在此一并感谢：周梅梅、吴旭芳、简再飞、周芝琴、吴江龙、吴抄男、蒋建平、赵丽蓉、周斌、周凤琴、周玲玲、金易、汪洋、霍红建、赵立军、兰世辉、徐世明、周云成等。

任何一本书的写作，都是建立在许许多多人的研究成果之上的。在写作过程中，笔者参阅了相关资料，包括电视、图书、网络、报纸、杂志等资料，所参考的文献，凡属专门引述的，尽可能地注明出处，其他情况则在书后附注的“参考文献”中列出，在此向有关文献的作者表示衷心的谢意！如有疏漏之处还望谅解。

本书在出版过程中，得到了许多研究华为的专家及业内人士的大力支持和热心帮助，在此表示衷心的谢意。囿于学识，书中纰漏难以避免，欢迎读者批评指正。

周锡冰

2018 年 5 月 20 日于北京